Böse Witze

Chantal Noir (Hrsg.)

Böse Witze

Bassermann

FSC
www.fsc.org

MIX
Papier aus verantwortungsvollen Quellen
FSC® C014496

Verlagsgruppe Random House FSC®N001967
Das für dieses Buch verwendete FSC®-zertifizierte Papier *MünchenSuper* liefert Arctic Paper Mochenwangen GmbH.

ISBN: 978-3-8094-3148-0

Umschlaggestaltung: Atelier Versen, Bad Aibling
Realisation: Medienagentur Drews, Augsburg
Bildnachweis: Illustrationen entnommen aus den Schriftenfonts Ale Signs LL, Ale Signs White, Ale Transport LL, ChildsPlay AgeFive, ChildsPlay Dingbats, DF Commercials, DF Delectables, DF Diversions, DF Deversities, DF Eclectics, DF Incidentals, DF Inspirations One, DF Journeys One, DF Journeys Two, DF Naturals, DF Organics IIA, DF Organics IIB, DF Organics One, DF Organics Two, DF Shadowettes ITC, DF Urbans, DF Well Beings, Df Beorama ITC, Df Daves Raves One ITC, Df Daves Raves Three ITC, Df Daves Raves Two ITC, Df Home Improvement ITC, Df Mo Funky Fresh Symbols, Df Situations Two ITC, Df Tot Spots ITC, Df Wild West ITC, Giacometti LL, Giddyup Std, Linotye Caciocavallo, Pinxit Private LL, Providence Dingbats, Wiesbaden Swing Dingbats
Projektleitung: Martha Sprenger
Herstellung: Sonja Storz

Layout und Satz: Atelier Lehmacher
Druck und Bindung: GGP Media GmbH, Pößneck

Printed in Germany

Die Führungsetage des FC Bayern München erfährt, dass in Afghanistan ein 19-jähriger Wunderfußballer kicken soll. Sofort machen sich Guardiola, Rummenigge, Sammer & Co. per Privatflugzeug auf den Weg nach Kabul. Der junge Mann, den sie dort sehen, gefällt ihnen fußballerisch sehr. Man wird sich schnell handelseinig: Der junge Afghane bekommt einen Vertrag. Wenig später beginnt die neue Bundesligasaison. Im ersten Spiel gegen den FC Augsburg liegen die Bayern bis zur 80. Minute sensationell mit 0:3 zurück. Weil es eh schon egal ist, wechselt Pep den neuen Wunderstürmer ein. Der schafft es, innerhalb von nur zehn Minuten drei Tore zu schießen und eines per Hackentrick vorzubereiten: Die Bayern siegen am Ende mit 4:3. Kaum ist das Spiel vorbei, ruft der Junge seine Mutter an und berichtet ihr atemlos: „Mama, Mama, stell dir vor: Ich bin gleich beim ersten Spiel eingewechselt worden, habe drei Tore geschossen und wir haben gewonnen." Am anderen Ende die eisige Stimme der Mutter: „Schön. Ihr habt gewonnen. Aber weißt du, wie es uns, deiner Familie geht? Dein Vater wurde auf offener Straße von Jugendlichen verprügelt. Deine beiden Brüder sind in Drogengeschäfte verwickelt. Deine Schwester wurde im Zug von besoffenen Typen belästigt." Betroffen stammelt der junge Fußballer: „Oh, Mutter, das tut mir unendlich leid!" „Das tut dir leid, das tut dir leid!", brüllt die Mutter ins Telefon. „Dann solltest du dir mal überlegen, wegen wem wir alle nach München gezogen sind!"

„Was macht ein Leprakranker
in der Warteschlange?“
„Ich weiß nicht so genau.
Vermutlich steht er sich die
Beine in den Bauch.“

***

Ein Ehepaar sieht auf dem Wochenmarkt einen Stand mit seltsamen exotischen Früchten. Lange starrt der Mann auf ein Schild mit der Aufschrift „Import“. Die Marktfrau klärt ihn auf, dass diese Früchte eingeführt werden. „Siehst du“, sagt der Mann zu seiner Frau, „du hättest sie natürlich gegessen.“

***

Professoren unter sich: „Herr Kollege, ich habe jetzt herausgefunden und wissenschaftlich belegt, dass man mit Toten reden kann“, sagt Prof. Deich. „Das ist ja prächtig! Kolossal!“, ruft Prof. Kamm. Allerdings muss Prof. Deich relativieren: „Das Dumme ist nur: Sie antworten nicht.“

Der Vater läuft abends an Martins Tür vorbei und hört ihn beten: „Lieber Gott, schütze meine Mutter, meinen Vater, meine Schwester Nicole und meine Großmutter!" Der Vater denkt sich, hm, hat er doch den Großvater vergessen. Am nächsten Tag kommt eine Karte. Der Großvater ist an einem Herzinfarkt gestorben. Am Abend geht der Vater wieder vor Martins Tür und lauscht: „Lieber Gott, schütze meine Mutter, meinen Vater und meine Schwester Nicole!" Heute hat er die Großmutter ausgelassen, denkt sich der Vater. Und wirklich, am nächsten Tag fällt die Großmutter die Treppe herunter und bricht sich das Genick. Abends geht der Vater nun natürlich wieder lauschen: „Lieber Gott, schütze meine Mutter und meine Schwester Nicole!" Jetzt wird der Vater natürlich vollkommen nervös und nimmt sich vor, am nächsten Tag besonders vorsichtig zu sein. Er geht zur Arbeit und kommt abends wieder zurück, nichts ist passiert. Da fragt er seine Frau: „Gibt es etwas Neues?" „Nein, eigentlich nicht", antwortet die Frau. Aber dann ergänzt sie: „Oder doch, unser Postbote ist gestorben."

Neuzugang im Knast. Natürlich wird der Neue erst einmal abgeklopft: „Na, wie viele Jahre?" Der brummt nur: „15." Ein schwerer Junge also. „Und wofür?" Der Neue zuckt mit den Schultern: „Ich habe meine Schwiegermutter durchs Fernglas angeschaut." Das können die anderen nicht glauben. „Dafür kriegt man doch keine 15 Jahre, Alter!" Wieder zuckt der Neue mit den Schultern: „Na ja, ich hatte wohl vergessen, das Gewehr darunter abzuschrauben."

Ein Ehepaar ist auf Safari im tiefsten Dschungel. Plötzlich kommen Kannibalen und entführen die Frau. Am nächsten Tag geht der Ehemann zum Stammeshäuptling. Er hält sich gar nicht lange mit Höflichkeitsfloskeln auf, sondern fordert: „Ich will sofort meine Frau zurück!“ Der Häuptling lächelt zuvorkommend. „Kein Problem, wie viele Dosen möchten Sie denn?“

Ein Hobby-Jäger hat Besuch. Stolz präsentiert er seine Trophäen. An den Wänden hängen die Köpfe von Hirschen, Wildschweinen und Gämsen. Auf einmal schreit der Gast entsetzt auf: „Da hängt ja ein Frauenkopf.“ Der Gastgeber winkt ab: „Ach so, ja, das ist der Kopf meiner Schwiegermutter.“ Der Gast ist fassungslos: „Und sie lacht so glücklich!“ Der Hobby-Jäger schwelgt in seliger Erinnerung: „Ja, sie dachte bis zuletzt, ich würde sie fotografieren ...“

***

Die nicht mehr ganz junge Deutschlehrerin fragt Peter: „Wenn ich sage: Ich habe in meiner Handtasche 50 Euro, welche Zeitform ist das?“ Peter zuckt gleichgültig mit den Schultern. „Woher soll ich denn das wissen?“ „Hm“, meint die Lehrerin. „Und wenn ich sage: Ich bin jung und schön, welche Zeitform ist das?“ „Ganz klar Vergangenheit“, gibt Peter zurück.

Eine 92- und eine 94-jährige Frau schlendern gemeinsam über den Friedhof. Nach einer Weile sagt die 92-Jährige: „Das fällt mir ja jetzt erst auf, du hast einen neuen Hut! Lohnt sich das denn noch in deinem Alter?" Die andere erwidert nichts. Die beiden gehen weiter. Nach einer Weile meint die 92-Jährige: "Mir tun die Füße weh. Ich fahre jetzt mit dem Bus nach Hause." Darauf die andere: "Lohnt sich das denn noch?"

Hank ist in Silverado zum Tode durch den Strick verurteilt worden. Beim ersten Hahnenschrei wird er zum Galgen geführt. Da tritt er in einen riesigen Pferdeapfel. Hank knurrt: „Na, der Tag fängt ja gut an!"

Was ist der Unterschied zwischen einem Internisten, einem Chirurgen, einem Psychiater und einem Pathologen?
Der Internist hat zwar Ahnung, kann aber nichts.
Der Chirurg hat keine Ahnung, kann aber alles.
Der Psychiater hat keine Ahnung und kann nichts, hat dafür aber für alles Verständnis.
Der Pathologe weiß alles, kann auch alles, kommt aber immer zu spät.

Bei der Notrufzentrale geht ein Anruf ein: „Hallo“, ruft eine aufgeregte Stimme. „Ich bin Jäger und mit meinem Kollegen im Wald. Ich glaube, er hat gerade einen Herzanfall bekommen und ist tot. Was soll ich jetzt machen?“ Der Mann in der Notrufzentrale ist Anrufe dieser Art schon gewohnt. „Ganz ruhig!“, sagt er deshalb. „Bevor ich Ihnen weitere Anweisungen gebe, stellen Sie erst einmal sicher, dass er wirklich tot ist!“ „Aha! Einen Moment ...“ Eine Weile hört man gar nichts, dann fällt ein Schuss. „So“, sagt die Stimme des Anrufers. „Jetzt ist er sicher tot. Und wie geht's nun weiter?“

***

Papa und Sohn Hai sehen vier Schwimmer in der Bucht. „Pass auf", sagt Papa Hai zu seinem Sohn. „Jetzt schwimmen wir zweimal um sie herum und lassen unsere Flossen ein wenig aus dem Wasser schauen!" Gesagt, getan. Dann erklärt Papa Hai: „Und jetzt schwimmen wir dreimal um sie herum und lassen unsere Flossen ganz aus dem Wasser schauen!" Gesagt, getan. „So", sagt Papa Hai zufrieden. „Und jetzt schwimmen wir zu ihnen hin und fressen sie." Daraufhin fragt sein Sohn: „Warum haben wir das nicht gleich gemacht?" Papa Hai: „Wenn sie geschissen haben, schmecken sie einfach viel besser!"

Der Opa macht mit Michael einen Spaziergang. Als sie an einer Wiese vorbeikommen, pflückt er einen Grashalm und steckt ihn sich in den Mund. Daraufhin jubelt Michael: „Hurra! Wir kriegen einen neuen BMW!" „Wieso denn das?", möchte der Opa wissen. Woraufhin Michael erklärt: „Der Papa hat gesagt, wenn der Opa ins Gras beißt, dann kriegen wir einen neuen BMW!"

Zum 100. Geburtstag des ältesten Bewohners der Stadt sind am Abend viele Honoratioren zu Gast. Und natürlich auch die Presse. Einer der Reporter fragt den Jubilar: „Können Sie uns das Geheimnis verraten, wie Sie so alt geworden sind?"
„Viel Alkohol, gute Zigarren und viel Sex",
antwortet der Alte.
Der Reporter ist verdutzt:
„Wann hatten Sie denn zum letzten Mal Sex?"
Wie aus der Pistole geschossen antwortet der Alte:
„Das war neunzehnfünfundvierzig."
Der Journalist hakt verwundert nach:
„Das ist aber schon ein Weilchen her."
„Wieso?", fragt der Alte lächelnd,
„es ist doch erst viertel nach acht."

Ein Mann kommt in die Apotheke und möchte eine Flasche Gift kaufen. Der Apotheker hebt bedauernd die Hände. „Tut mir leid, ohne Rezept darf ich Ihnen kein Gift verkaufen." Daraufhin kramt der Mann eine Weile in seiner Jackentasche und zieht schließlich ein Foto seiner Frau heraus. „Ach so", meint daraufhin der Apotheker. „Das ist natürlich etwas anderes."

Was ist die Höchststrafe für Bigamie?

Zwei **Schwiegermütter.**

Eine Frau geht mit ihrem Mann zum Doktor, weil der sich krank fühlt. Der Arzt untersucht den Mann und bittet daraufhin die Frau mit ernstem Gesicht zu sich herein, während ihr Mann draußen wartet. „Es sieht nicht gut aus für Ihren Mann", erklärt der Arzt. „Er hat eine sehr seltene Nervenkrankheit, und es gibt nur eine Möglichkeit, ihn zu retten: Die nächsten sechs Monate dürfen Sie ihm keinerlei Haushaltsarbeit zumuten. Sie müssen ihn jeden Tag bekochen und abends dafür sorgen, dass er mindestens drei Bier bekommt. Sie müssen ihn täglich befriedigen und ihm auch sonst jeden Wunsch von den Augen ablesen. Wenn Sie diese Prozedur sechs Monate durchhalten, dann überlebt Ihr Mann, andernfalls ..." Die Frau verlässt das Sprechzimmer des Arztes und geht zu ihrem Mann. „Schatz", sagt sie, „du wirst sterben."

„Angeklagter", fragt der Richter den Mann, „warum haben Sie Ihre Schwiegermutter aus dem fahrenden Auto geworfen?" „Was hätte ich denn machen sollen", fragt der Angeklagte zurück. „Da war absolutes Halteverbot."

Ein katholischer Priester, ein evangelischer Pastor und ein Rabbi wandern durch den Wald. An einem stillen Waldsee entkleiden sie sich und baden nackt. Auf einmal jedoch kommt eine Gruppe wandernder Frauen des Wegs. Die drei schwimmen zum Ufer, raffen ihre Kleidung zusammen und verstecken sich hinter Bäumen. Der Priester und der Pastor bedecken dabei ihren Intimbereich, der Rabbi aber sein Gesicht. „Josse, warum zum Geier bedeckst du dein Gesicht?", fragt der Pastor. Der Rabbi antwortet: „Jungs, ich habe keine Ahnung, wie das bei euch im Laden läuft, aber meine Leute erkennen mich am Gesicht."

Dagmar besucht ihre Freundin. Als diese die Türe öffnet, ist sie splitternackt. „Ach du liebe Güte", ruft Dagmar. „Was ist denn das?" „Das ist das Kleid der Liebe!", erklärt ihre Freundin. Dagmar ist beeindruckt, und als am Abend Dagmars Mann nach Hause kommt, öffnet auch sie nackt die Tür. „Was soll das denn?", ruft er wenig begeistert aus. „Das ist das Kleid der Liebe", erklärt ihm seine Frau. „Ach so", meint er darauf. „Hättest du es nicht wenigstens vorher bügeln können?!"

Was sind die letzten Worte eines Fallschirmspringers?

„Die Wolke nehme ich noch mit!"

An der Tür des Busses klopft ein Mann. Der Busfahrer öffnet. „Können Sie mir sagen, wie ich am schnellsten zum Friedhof komme?", fragt der Mann vor der Tür. „Klar", antwortet der Busfahrer. „Legen Sie sich einfach vor meinen Bus."

***

Der Pfarrer ist nach der Taufe begeistert. „Ihr habt ein ganz braves Kind", sagt er zu den Eltern. „Es hat nicht einen einzigen Muckser gemacht." Der Papa findet das normal: „Kein Wunder, Hochwürden. Wir haben ja auch drei Wochen mit der Gießkanne geübt."

Was macht man, wenn man sich auf der Autobahn verfahren hat und nicht weiß, wo man lang muss? Man dreht um und schaltet das Radio ein.

***

Der Arzt untersucht seinen Patienten. Er weiß, dass der Mann nicht arm ist. Kaum hat der Patient sein Sprechzimmer verlassen, ruft der Arzt seinen besten Freund an. „Du suchst doch eine Wohnung in guter Lage", meint er. „Ich weiß von einer, dic demnächst frei wird."

Nach der Operation beugt sich der Chirurg über den Patienten: „Keine Sorge, mein Lieber. In zwei Wochen haben wir Sie wieder **draußen.** So oder so.“

***

An der Uni findet die mündliche Prüfung in Physik statt. Die erste Studentin wird hereingerufen und blickt bang in die Kommission. Der Vorsitzende: „Sie befinden sich in einem Zug. Er fährt mit 95 km/h. Ihnen wird warm. Was tun Sie?" Die Studentin zuckt mit den Schultern: „Na ja, ich öffne eben das Fenster." Der Vorsitzende: „Sehr schön. Sie öffnen das Fenster. Nun berechnen Sie den neuen Luftwiderstand, den das Öffnen erzeugt. Wie ist der Reibungsunterschied zwischen Fahrgestell und Gleisen? Verlangsamt sich der Zug durch das Öffnen? Wenn ja: Um wie viel?" Der Studentin kippt die Kinnlade nach unten. Sie ist fassungslos, kann die Frage nicht beantworten und wird aus dem Saal geschickt. So ergeht es auch den nächsten zwanzig Studenten. Dann kommt die letzte herein. Der Vorsitzende stellt ihr dieselbe Frage. Sie antwortet: „Ich ziehe meine Jacke aus." Der Professor setzt nach: „Es ist aber richtig warm." Die Studentin: „Dann ziehe ich eben auch meinen Pulli aus." Der Vorsitzende seufzt: „Stellen Sie sich vor, dass es in Ihrem Abteil so heiß ist wie in der Sauna." Die Studentin mit Seelenruhe: „Dann ziehe ich mich halt nackt aus, Herr Professor." Der Prüfer beugt sich vor: „In Ordnung. Dann sind in Ihrem Abteil noch zwei geile Typen, die Sie unbedingt vernaschen wollen." Die Studentin beugt sich ebenfalls vor: „Wissen Sie, Herr Professor, ich bin das dritte Mal hier zur Mündlichen, und meinetwegen kann der ganze Zug voll mit geilen Typen sein – das verdammte Fenster bleibt zu!"

Ein Amerikaner, ein Engländer und ein Ostfriese streiten sich, wer den besten Gummi herstellen kann. Der Engländer beginnt: „Bei uns in London ist ein Arbeiter von der Brücke gefallen. Aber zum Glück hatten sich die Hosenträger oben verhakt, und die waren so elastisch, dass er sanft und ohne Verletzungen unten auf dem Boden ankam." Die beiden anderen sind beeindruckt. Dann macht der Amerikaner weiter: „Bei uns in New York gab es einen Fensterputzer, der aus dem 137. Stock eines Hochhauses gefallen ist. Während des Flugs hat er ganz gemächlich seinen Kaugummi genommen und an die Hauswand geklebt. Und? Er ist ganz weich und ohne Probleme auf der Erde angekommen." Als Letztes ist der Ostfriese an der Reihe: „Neulich ist unser Hein auf den Leuchtturm gestiegen. Aber er hat sich zu weit aus dem Fenster gebeugt und ist mit lautem Knall auf der Erde aufgeschlagen." Die beiden anderen sind bestürzt. „Und", fragt der Engländer. „Was sagt das über die Qualität eures Gummis?" „Tja", erwidert der Ostfriese, „Hein war auf der Stelle tot, aber seine Gummistiefel haben nachher immer noch ausgesehen wie neu."

Erwin kommt in die Kneipe und bestellt bei Uschi ein Helles. Erwin hat einen guten Zug und bestellt eine Viertelstunde später das nächste Helle. Weitere zwanzig Minuten später ruft er: „Uschi! Noch ein Helles!" So vergeht der halbe Abend. Da klingelt das Telefon. Uschi geht ran, nickt traurig und wendet sich betrübt Erwin zu: „Erwin – deine Frau ist gestorben." Der nickt kurz und sagt dann: „Gut, Uschi, dann bring mir jetzt mal ein Dunkles."

Auf der Baustelle arbeiten die Maurer. Plötzlich fällt Maurergeselle Maier von der obersten Ebene des Baugerüsts. Er ist tot. Der Bauleiter, der Polier und der Maurerlehrling stehen um ihn herum und sind fassungslos. Da sagt der Bauleiter: „Einer von uns muss seiner Frau Bescheid geben. Aber ich kann das nicht." „Ich auch nicht!", erklärt sofort der Polier. Also muss der Lehrling gehen. Nach einer halben Stunde kommt er wieder zurück, in der Hand eine Kiste Bier. „Was hast du gemacht?", fragen die beiden anderen. „Du solltest doch Frau Maier Bescheid sagen, dass ihr Mann gestorben ist, und nicht Bier holen." „Ich war auch bei Frau Maier!", erklärt der Lehrling zufrieden. „Und", fragt der Bauleiter, „was hast du ihr gesagt?" „Ich habe geklingelt, und als sie die Tür geöffnet hat, habe ich sie gefragt, ob sie die Witwe von Herrn Maier sei." „Und dann?", will der Polier wissen. „Klar sind Sie das, habe ich ihr gesagt. Wollen wir um eine Kiste Bier wetten?"

Zwei Nachbarn treffen sich einmal in der Woche zum Schach. Als sie sich auf der Straße treffen, sagt der eine: „Du, ich weiß nicht, ob ich heute Abend komme. Meine Frau ist nämlich gestern gestorben." Der andere legt ihm eine Hand auf die Schulter: „Das verstehe ich natürlich. Dann spielst du selbstverständlich mit Schwarz."

Ein Bär, ein Löwe und ein Huhn streiten darüber, welches von ihnen das gefährlichste Tier sei. Der Bär sagt: „Wenn ich im Wald brülle, dann fürchtet sich der ganze Wald!" Der Löwe meint: „Das ist ja ganz nett, aber wenn ich in der Wüste brülle, dann fürchtet sich die ganze Wüste!" Das Huhn schaut zwischen Bär und Löwe hin und her. Dann sagt es: „Wenn ich huste, dann fürchtet sich die ganze Welt!"

„Herr Doktor! Der Simulant aus Zimmer 42 ist gestorben."
„Also, jetzt übertreibt er aber wirklich!"

„Hilfe“, schreit ein Mann aus der Mitte des Sees. „Ich kann nicht richtig schwimmen.“ „Na und“, hört er eine unfreundliche Stimme vom Ufer aus. Die Stimme kommt von einem Rollstuhlfahrer. „Ich kann auch nicht richtig gehen, aber mache ich deshalb so ein Theater?!“

Woran sieht man, dass ein Leprakranker wütend ist?
Er fährt aus der Haut.

***

Ein klassisches Männergespräch in der Kneipe:
„Du, Paul, ich glaube, meine Frau ist gestorben.“
„Wieso das denn?“
„Im Bett ist sie wie immer, aber die Küche ist der reinste Saustall.“

Ein nackter Mann steigt in ein Taxi. „Fahren Sie mich zur Faschingsparty!“, bittet er den Taxifahrer. „Als was gehen Sie denn?“, möchte der Taxifahrer wissen. Der Mann öffnet seinen Mund und zeigt auf die Kirsche darin. „Als Mon Cherie!“ In dem Moment muss der Taxifahrer scharf bremsen, so dass sein Fahrgast die Kirsche aus Versehen verschluckt. „Mist“, ruft er. „Jetzt ist meine Verkleidung weg!“ Da hält der Taxifahrer an der nächsten Tankstelle und kauft ein Glas Pflaumenmus. „Stecken Sie sich das in den Hintern, dann sind Sie ein Krapfen!“

***

Was sind die drei Lieblingswörter eines Hais? „Mann über Bord!“

Durchsage im Flugzeug auf dem Weg nach Ibiza: „Meine Damen und Herren, hier spricht Ihr Pilot. Unsere aktuelle Position: Wenn Sie nach rechts schauen, sehen Sie den brennenden Motor, wenn Sie nach links schauen, eine kleine Insel. Und rechts davon, da schwimmt ein kleines Schlauchboot. Von dort aus spreche ich jetzt zu Ihnen.“

Sabine und Michael haben sich fürchterlich gestritten. So fürchterlich, dass Sabine den Hund auf den Arm nimmt und schreit: „Ich stürze mich jetzt aus dem Fenster und nehme ihn hier mit."
„Nein", ruft Michael entsetzt.
„Auf keinen Fall! Den Hund lässt du hier!"

***

Ein Hai kreist um einen Surfer und denkt: „Das ist aber mal eine nette Idee – so hübsch angerichtet, mit Brettchen und Serviette."

Ein Mafia-Boss findet heraus, dass ihn sein Buchhalter um 10 Millionen Dollar betrogen hat. Da der Buchhalter taub ist, muss ein Dolmetscher eingesetzt werden, der in die Gebärdensprache übersetzt. „Wo ist das Geld", will der Mafia-Boss wissen. Der Dolmetscher gebärdet, er erhält eine Antwort und überträgt sie in gesprochene Sprache: „Er sagt, er wisse nicht, wovon Sie sprechen." Daraufhin zieht der Mafia-Boss eine 9mm-Pistole aus der Tasche und hält sie gegen den Kopf des Buchmachers. „Frag ihn noch einmal!", befielt er dem Gebärdendolmetscher. Daraufhin erklärt der Buchhalter in Gebärdensprache: „Gut, Sie haben gewonnen. Das Geld ist in einem braunen Koffer, und der ist vergraben hinter einem Schuppen, der meinem Cousin Enzo gehört, drüben in Queens." „Und", fragt der Mafia-Boss, „was hat er gesagt?" Der Dolmetscher zuckt mit den Schultern: „Er sagt, Sie haben sowieso nicht den Mumm, abzudrücken, so dämlich, wie Sie sind."

Was waren die letzten Worte des Pilzessers? „Die Sorte kenne ich noch gar nicht."

Zwei Ärzte treffen sich nachts auf dem Friedhof. Der eine fragt den anderen: „Na, Herr Kollege, sind Sie auch bei der Inventur?"

***

Paul kommt morgens zur Arbeit und wundert sich, dass sein Kollege Walter schon an seinem Schreibtisch sitzt: „Nanu? Ich dachte, deine Frau wird heute beerdigt. Was machst du hier?" Walter sagt ganz preußisch: „Erst die Arbeit, dann das Vergnügen."

Günter kommt aufgeregt zu seiner Mutter: „Mutti, Mutti, komm schnell! Vati liegt bewusstlos auf dem Teppich! In einer Hand hält er einen runden Karton und in der anderen einen Zettel!" „Das ist ja wunderbar", ruft die Mutter. „Mein neuer Hut mit der Rechnung ist da!"

Worin besteht der **Unterschied** zwischen Tennis und Bungee-Jumping?

Beim Tennis hat man **zwei** Aufschläge.

Die Stewardess kommt während des Flugs ins Cockpit: „Wir haben einen blinden Passagier dabei." „Raus mit dem Kerl", erklärt der Kapitän. „Wer nicht zahlt, muss fühlen." Nach ein paar Minuten kommt die Stewardess zurück. „Erledigt", meldet sie. „Und was machen wir jetzt mit dem Hund?"

***

Der Patient wacht auf und bemerkt, dass er in einem fahrenden Auto auf einer Bahre liegt. „Herr Doktor!", sagt er „wo bringen Sie mich denn hin?" „Ins Leichenschauhaus!", erwidert der Arzt. „Aber ich bin doch noch gar nicht tot!" „Wir sind auch noch nicht da!"

Es ist Mitternacht. Ein Arzt geht über einen Friedhof und fürchtet sich ein bisschen. Plötzlich schiebt sich eine Grabplatte beiseite, von darunter erhebt sich eine Knochenhand, und eine Stimme krächzt: „Doktor? Sie haben nicht zufällig ein gutes Mittel gegen Würmer?"

Was war das letzte **Wort** des Fallschirmspringers?
„Scheiß Motten!"

Eine Party im 99. Stockwerk. Zwei Männer unterhalten sich: „Hast du das schon gewusst", fragt der eine den anderen, „die Schwingungen des Hauses sind so gut, wenn du von hier oben aus dem Fenster springst, stoppst du kurz bevor du unten ankommst. Und dann fliegst du wieder hoch." „Unsinn", erwidert der andere. „Mach das doch mal vor." Der erste geht ans Fenster und springt. Es passiert genau das, was er vorausgesagt hatte: Er fliegt hinunter und kommt unversehrt wieder oben an. Der Partybesucher glaubt seinen Augen kaum. Jetzt will er das natürlich auch ausprobieren. Er springt. Und fällt. Und fällt. Und schlägt schließlich auf dem Boden auf. Da kommt ein Dritter dazu. Er tippt den ersten, dem das Kunststück gerade gelungen war an. „Mensch Supermann, wenn du betrunken bist, kannst du echt fies sein!"

Der König besucht ein Gefängnis. Ganz unkonventionell geht er auf einen Gefangenen zu, der auf dem Hof steht und fragt: „Wie lange musst du hier sein, und warum wurdest du verurteilt?" Der Gefangene nimmt Haltung an: „Lebenslänglich, Majestät. Wegen Schwarzarbeit." Der König kann es nicht glauben: „Lebenslänglich für Schwarzarbeit? Was bist du denn von Beruf?" Der Gefangene steht immer noch stramm: „Henker, Majestät."

Ein Mann kommt in eine Kneipe und sagt zum Wirt: „Ich habe etwas dabei, was du noch nie gesehen hast." Er öffnet seine Jackentasche, holt ein 30 Zentimeter großes Männchen raus und stellt es auf den Tresen. Das Männchen schüttelt jedem Gast die Hand und sagt: „Guten Tag, mein Name ist Johannes Mario Simmel, ich bin Schriftsteller." Der Wirt fragt den Mann völlig verdutzt, woher er das Männchen habe. Der antwortet lächelnd: „Geh raus bis zur nächsten Laterne. Wenn du an ihr reibst, erscheint dir eine Fee." Der Wirt befolgt die Anweisungen des Gastes, prompt erscheint ihm die Fee und gewährt ihm einen Wunsch. Der Wirt wünscht sich, ohne lang zu überlegen, fünf Millionen in kleinen Scheinen. Zu seiner Überraschung liegen plötzlich fünf Melonen vor ihm, um die lauter kleine Schweine herumwuseln. Stinksauer geht er in die Kneipe zurück und brüllt den Gast an: „Deine Fee ist wohl schwerhörig, ich wollte fünf Millionen in kleinen Scheinen und bekomme fünf Melonen und kleine Schweine." Der antwortet seelenruhig: „Klar ist die schwerhörig, oder dachtest du, ich habe mir einen 30 Zentimeter großen Simmel gewünscht?"

„Weißt du, was ich mir wünsche?“, meint der Sohn des Piloten. „So wie mein Vater im Schlaf zu sterben und nicht beim Fliegen wie seine Passagiere.“

***

Ein Kannibale geht zum Medizinmann: „Ich fühle mich in letzter Zeit ständig faul. Ich stehe erst um 11:00 Uhr am Vormittag auf, und um 14:00 Uhr bin ich schon wieder müde!“ Der Medizinmann überlegt eine Weile, dann meint er: „Das könnte daran liegen, dass du in letzter Zeit zu viele Beamte gegessen hast!“

„Herr Ober, wo bleiben die russischen **Eier?**“

„Dauert noch ein bisschen. Den **Russen** haben wir schon, aber er wehrt sich noch.“

Zwei weiße Forscher werden im afrikanischen Urwald von Kannibalen gefangen genommen und zum Häuptling gebracht. Der schaut sie freundlich an. „Wahrscheinlich haben Sie jetzt die Sorge, wir könnten Sie einfach so in den Kochtopf werfen, richtig?" Der eine der beiden Männer nickt zitternd. „Keine Sorge", beruhigt ihn der Häuptling. „Wir haben schon oft von Ihrem Land Entwicklungshilfe bekommen und inzwischen sind wir ein zivilisiertes Volk geworden!" Die beiden atmen erleichtert auf. Der Häuptling lächelt noch immer freundlich. „Bei uns wird nur noch gegrillt!"

***

Zwei Männer stehen im Sommer am Ufer eines Sees und sehen, dass dort jemand mit den Armen rudert und nach Luft schnappt. Als er schließlich untergeht, springt einer der Freunde in den See und kommt nach wenigen Minuten mit dem Mann an Land. Er beginnt mit der Mund-zu-Mund-Beatmung, als sein Freund auf einmal stutzt: „Bist du Dir sicher, dass du den Richtigen erwischt hast?" „Wieso?", fragt der andere zurück. „Der hier hat noch Schlittschuhe an!"

Woran sieht man, dass ein Leprakranker alles Menschenmögliche getan hat?
Er hat sich ein Bein ausgerissen.

„Weißt du, was ein Mann ohne **Beine** hat?"

„Na klar. **Erdnüsse.**"

Ein Flugzeug muss in der Nähe eines Bauernhofs in Bayern notlanden. Der Bauer ist dem Piloten bei der Reparatur behilflich. Als das Flugzeug wieder startklar ist, bedankt sich der Pilot und bietet dem Bauern an, dass er ihn und seine Frau als Gegenleistung nach Leipzig mitnimmt. Die beiden müssen ihm aber versprechen, dass sie während des Flugs kein Wort sprechen. Der Bauer und seine Frau willigen ein. Nach der Landung lobt der Pilot den Bauern: „Brav warst du, Bauer! Du hast kein Wort geredet!" „Ja", gibt der Bauer zurück. „Aber als das Flugzeug plötzlich so abgesackt ist und meine Alte rausgeflogen ist, da hätte ich fast doch was gesagt."

Thomas bekommt einen Anruf seines Freundes Peter: „Was machst du gerade?" „Ich bin dabei, einen Stuhl für meine Schwiegermutter zu bauen." „Und, wie kommst du voran?" „Bis auf die Stromversorgung ist er fertig."

Was ist ein Emo, der schwimmt?
Eine Heulboje.

***

Zwei Revolverhelden, Lucky Jack und Silent Joe, treffen sich auf der Straße. Sie umkreisen einander misstrauisch, eine Hand am Colt. Jack möchte die Stimmung entspannen: „Du, was macht eigentlich Smiling Johnny?“ Joe grinst: „Der ist vom Gerüst gefallen und dabei ums Leben gekommen.“ Jack: „Was hatte Johnny denn auf einem Gerüst zu suchen?“ Joe: „Er sollte gehängt werden.“

Was waren die letzten Worte des Henkers?
„Das Fallbeil klemmt, ich schaue mal eben nach.“

***

Henriette schimpft mit ihrem Mann: „Egon, das geht nicht mehr so weiter mit deinen ewigen Selbstmordversuchen – schau dir doch nur mal die Gasrechnung an!“

Zwei Freundinnen sitzen am Abend in der Kneipe. „Kennst du den Unterschied zwischen der Singlefrau und der Verheirateten?“, fragt die eine die andere. „Nein.“ „Die Singlefrau kommt nach Hause, schaut in ihren Kühlschrank, stellt fest, dass nichts Ordentliches drin ist und geht ins Bett. Die verheiratete Frau kommt nach Hause, schaut ins Bett, sieht, dass nichts Ordentliches drin ist und geht an den Kühlschrank!“

***

„Herr Doktor, wird die Operation sehr **teuer?**“

„Überlassen Sie das Problem ruhig Ihren **Erben.**“

***

An der Schule des CIA stehen drei Agenten vor dem Abschlusstest. Der Ausbilder stellt dem ersten die folgende Aufgabe: „Im nächsten Raum befindet sich deine Freundin. Hier hast du eine Pistole. Du hast 30 Sekunden Zeit, dann musst du sie umgebracht haben!“ Nach 30 Sekunden kommt der Mann mit seiner Freundin an der Hand zurück. Er gibt dem Instruktor die Pistole zurück. „Tut mir leid“, erklärt er, „das kann ich nicht!“ Als der zweite an der Reihe ist sagt der Ausbilder zu ihm: „Im nächsten Raum sitzt deine Verlobte. Da ist die Pistole, du hast 30 Sekunden, um sie umzubringen!" Nach 30 Sekunden kommt auch der zweite Mann mit seiner Verlobten an der Hand aus dem Raum, auch er gibt dem Instruktor die Pistole zurück und sagt: „Tut mir leid, das kann ich nicht!" Die Aufgabe des dritten Mannes lautet: „Im nächsten Raum ist deine Frau, wie ich weiß, seid Ihr schon zehn Jahre verheiratet. Hier hast du eine Pistole. Du hast 30 Sekunden, dann musst du sie umgebracht haben." Der Mann geht in den Raum. Nach zwei Sekunden hört man einen fürchterlichen Lärm, und nach 40 Sekunden steht der Mann wieder vor der Tür und sagt zum Ausbilder: „Tut mir leid, dass es ein bisschen gedauert hat. Aber irgendein Idiot hatte Platzpatronen in die Pistole gelegt, ich musste den Stuhl zu Hilfe nehmen."

Peter ist arm. Er hatte noch nie viel Geld und wird auch nie viel besitzen. Aber er möchte Bella heiraten. Bellas Eltern sind im Gegenteil steinreich. Peter weiß, dass es schwer sein wird, ihren Vater davon zu überzeugen, dass er der Richtige für Bella ist. Deshalb versucht er es mit der theatralischen Methode. „Ihre Tochter ist mir alles auf der Welt. Meine Sonne, mein Mond, meine Sterne. Ich kann ohne sie nicht einen Tag länger leben." „Gut", erwidert Bellas Vater trocken. „Dann übernehme ich Ihre Beerdigungskosten."

Klaus hält seine Frau nicht mehr aus. Die Alte muss weg. Also fragt er einen Freund um Rat, der auch einen weiß: „Kauf ihr einfach einen Flitzer, und dann fährt sie sich damit ganz von allein tot." Zwei Wochen später treffen sich die beiden erneut. Der Freund fragt: „Und, hat's geklappt?" Klaus schüttelt traurig den Kopf: „Nein. Ich habe ihr einen Golf GTI gekauft, aber sie fährt immer noch." Der Freund weiß Bescheid: „Tsts ... GTI! Das kann ja nicht funktionieren. Du musst ihr einen Porsche oder einen Jaguar kaufen!" Zwei Wochen später treffen sich die beiden wieder. Klaus trägt einen schwarzen Anzug. Der Freund ahnt diesmal den Erfolg: „Na, hat's jetzt geklappt?" Klaus strahlt: „Ich kann dir sagen! Die Idee mit dem Jaguar war spitze! Sie geht zur Garagentür, öffnet, geht rein – ein Prankenschlag, und weg war sie!"

***

Was ist der Unterschied zwischen Honecker und Lady Di? Honecker hat die Mauer überlebt.

Der Verurteilte und der Henker machen sich auf den Weg zum Schafott. Es gießt in Strömen. „So ein Scheißwetter", schimpft der Verurteilte. Worauf der Henker antwortet: „Reg dich nicht auf. Ich muss den Weg ja auch noch zurückgehen."

***

„Kann mir jemand von euch ein Beispiel für Gemeinheit nennen?", fragt die Lehrerin ihre Klasse. Susanne meldet sich: „Einem Blinden eine Kinokarte zu schenken."

Nachts um drei. Bei Susi klingelt das Telefon. „Hallo, Süße", schnauft eine Stimme, „wenn du raten kannst, was ich in meiner Hand habe, dann kriegst du was davon ab!" „Weißt du was", erwidert Susi, „wenn du es in einer Hand halten kannst, interessiert mich das sowieso nicht."

***

Worin besteht der Unterschied zwischen Arbeitnehmern und Beamten? Arbeitnehmer werden beerdigt, Beamte werden umgebettet.

„Mama, darf ich schwimmen gehen?", fragt Martin seine Mutter im Sommerurlaub am Strand. „Nicht jetzt, es ist Ebbe." „Aber Papa schwimmt auch", beschwert Martin sich. „Papa darf das", entgegnet die Mutter. „Er ist gut versichert."

Was tut die kluge Frau, wenn ein Mann im Zickzack durch ihren Garten hüpft?

Sie schießt weiter.

Günther aus Wanne-Eickel ist im Urlaub in Spanien. Er besucht in Sevilla seinen ersten Stierkampf, geht danach in ein Restaurant neben der Arena und verlangt etwas Ortstypisches. Der Kellner empfiehlt ihm „Cojones" und kehrt mit einem dampfenden Teller zurück, auf dem zwei kokosnussartige Gebilde liegen.„Was ist das denn?", fragt Günther. „Das ist eine spanische Tradition", antwortet der Kellner. „Wenn der Stier beim Kampf verloren hat, dann werden seine Hoden dem ersten Gast serviert." Günther ekelt sich zuerst, probiert aber und stellt fest, dass das Gericht ganz ausgezeichnet schmeckt.Eine Woche später kehrt Günther zurück ins Restaurant. Weltmännisch bestellt er „Cojones". Der Kellner bringt wieder einen dampfenden Teller. Günther blickt drauf und beschwert sich: „Das letzte Mal waren die aber größer." Der Kellner kratzt sich hinterm Ohr: „Na ja – der Stier verliert eben nicht immer."

Was waren die letzten Worte des PCs?
„Windows is loading. Please wait ...“

Fritz kommt ins Wohnzimmer gelaufen und ruft aufgeregt: „Mami, Opa hat sich auf dem Dachboden aufgehängt!“ Die Mutter stürmt nach oben. Aber da ist nichts zu finden. Darauf Fritz: „Das war ein Aprilscherz. Er hängt im Keller!“

***

Letzter Tag vor den Schulferien und die letzte Möglichkeit, in die zweite Klasse versetzt zu werden. Der Direktor bittet Lukas, das Wort „Vater“ zu buchstabieren.
Lukas : „V-A-T-E-R“
Direktor: „Sehr gut, du bist versetzt! Und jetzt du, Sabine. Buchstabiere mal Mutter.“
„M-U-T-T-E-R“, buchstabiert Sabine.
Direktor: „Sehr gut, du bist auch versetzt.“
Dann wendet er sich an Ali:
„Und du buchstabierst mir jetzt bitte Ausländerfeindlichkeit!“

Was ist der Standardgruß der Leprakranken?

„Was geht ab?"

Gott erschafft den Mann. „Unglaublich gelungen", befindet er nachher. „Diese Proportionen, dieser Körper, diese Muskeln." Dann erschafft er die Frau. Er schaut sie eine Weile nachdenklich an, bastelt noch ein bisschen, schaut noch einmal. „Nun ja", meint er dann. „Schließlich gibt es Make-up."

***

Zwei Extremtouristen wandern durch die Sahara. Auf einmal taucht ein Löwe hinter einer Düne auf. Die beiden nehmen die Beine in die Hand, und der Löwe verfolgt sie. Da bleibt der eine stehen, öffnet seinen Rucksack und holt ein Paar Turnschuhe heraus. Der andere fragt: „Was soll der Unsinn? Meinst du, dass du damit schneller bist als der Löwe?" Der andere bindet die Turnschuhe zu: „Nicht schneller als der Löwe. Schneller als du!"

Was macht eine Frau, wenn sie ein leeres
Blatt Papier anstarrt?
Sie liest sich ihre Rechte durch.

***

Woran erkennt man, dass ein Emo
am Kühlschrank war?
Ritzspuren in der Butter und
Tränen im Erdbeerjoghurt.

Die Mutter findet beim Aufräumen im Zimmer ihres
15-jährigen Sohnes harte SM-Pornos. Abends erzählt sie
unter Tränen davon ihrem Mann. Der überlegt eine Weile.
„Und was machen wir jetzt?", meint er dann.
„Auspeitschen ist da wohl sinnlos."

***

In welcher Zeitung kann man
nachlesen, dass ein Mann seine Frau
aus dem Fenster geworfen hat?
In „Schöner Wohnen".

Ein Masochist trifft einen Sadisten und sagt: „Bitte quäl mich!" Der Sadist sagt: „Klaro", klemmt ihm einen Arm in einen Schraubstock und reicht ihm in die andere Hand eine Axt. Der Masochist beschwert sich: „Das tut aber gar nicht richtig weh." Der Sadist winkt ab: „Warte mal ab, bis ich das Haus anzünde."

Was ist ein Mann, der in einem Eimer aus Salzsäure liegt?
Ein gelöstes Problem.

Die Himmelspforte. Es klopft. Petrus öffnet und fragt den Mann an der Tür: „Wie heißt du, mein Sohn?" Der Mann antwortet: „Ich bin Hein Schulze aus Ham..." – und verschwindet plötzlich. Petrus schüttelt den Kopf und schließt die Tür wieder. Da klopft es erneut. Draußen steht derselbe Typ: „Ich bin Hein Schulze aus Ham..." – schwupp, weg isser wieder. Das Ganze wiederholt sich noch ein paar Mal. Petrus geht zum Chef: „Sag mal, Gott, weißt du, was da vorgeht? Da steht immer so ein Kerl vor der Pforte, sagt, er sei Hein Schulze aus Ham..., und dann löst er sich einfach auf." Klar weiß Gott Bescheid: „Keine Sorge, das ist nur Hein Schulze aus Hamburg. Der liegt auf der Unfallstation und wird gerade wiederbelebt."

Was stimmt nicht, wenn deine Frau im Wohnzimmer sitzt? Die Kette ist zu lang.

***

Im Supermarkt. Eine Frau steht an der Kasse. Vor sich auf dem Förderband liegen eine Packung Cornflakes, eine Tüte Milch, Knäckebrot und ein paar Äpfel.
Die Kassiererin schaut sie an:
„Single?“, fragt sie. „Ja“, erwidert die Frau schüchtern, „woran erkennen Sie das?“
„Na, dann schauen Sie doch mal in den Spiegel.“

Was wäre heute, wenn man Jesus nicht gekreuzigt, sondern ertränkt hätte? Dann stünden in den bayerischen Klassenzimmern Aquarien.

Zwei Spermien begegnen sich. „Ich werde mal ein Junge", prahlt das eine. „Ich werde mal ein Mädchen", giftet das andere zurück. Auf einmal hören sie jemanden lachen. Sie drehen sich um und entdecken einen Brotkrümel. „Ihr zwei werdet gar nichts mehr", erklärt der Brotkrümel. „Ihr seid hier in der Speiseröhre."

***

Frau Müller steht morgens auf, öffnet das Fenster und sagt laut: „Ist das ein wunderschöner Tag heute!" Gespannt horcht sie, ob ihr Mann, der hinter ihr noch im Bett liegt, darauf reagiert. Nichts. Ein zweites Mal etwas lauter: „Was für ein wunderschöner Tage heute!" Der Mann reagiert immer noch nicht. Also ruft sie ein drittes Mal: „Ich muss sagen, es ist ein wunderschöner Tag heute!" Da meckert er schlaftrunken: „Sag mal, was soll das? Jetzt sagst Du schon zum dritten Mal, es sei ein wunderschöner Tag?" Dreht sich die Frau um und meint: „Du hast doch gestern gesagt: Eines schönen Tages verlass' ich dich."

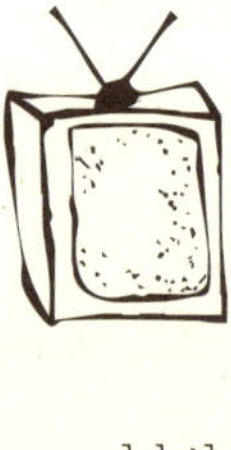

„Mama, das Fernsehbild flimmert so."
„Schalt mal Papas Herzschrittmacher aus und schau, ob es dann besser wird."
„Ja, ist jetzt besser."

Warum werden verheiratete Frauen so selten entführt? Weil keiner weiß, ob das Lösegeld jemals bezahlt wird.

***

Ein Mann sägt sich mit der Motorsäge im Wald alle zehn Finger ab. Er schleppt sich in die Klinik. Man versorgt ihn, und der Chirurg fragt ihn, ob er die Finger nicht mitgebracht habe. Der Mann schüttelt den Kopf. „Aber guter Mann", sagt der Chirurg. „Mit der modernen Medizin kann man Finger doch wieder annähen. Warum haben Sie sie denn nicht mitgebracht?" Der schaut ihn an wie einen Idioten: „Sie Witzbold! Und wie hätte ich die aufheben sollen?"

***

Was ist weiß und stört beim Essen? Eine Lawine.

Was macht ein Leprakranker nach Arbeitsschluss?
Er legt sich auf die faule Haut.

***

Der Vater ruft zuhause an. Der kleine Tobias hebt den Telefonhörer auf: „Hallo?" „Ich bin's, hol mir mal die Mami." „Das geht nicht, die liegt mit einem Mann im Bett." „Gut, dann hol mal die Axt aus der Garage und hau beiden damit kräftig über den Kopf!" Tobias legt den Hörer auf den Tisch. Nach zehn Minuten meldet er sich wieder: „So, habe ich gemacht:" „Gut, und jetzt schleifst du die Mami zum Swimmingpool." „Aber wir haben doch gar keinen Swimmingpool." „Nicht? Hm. Dann bin ich falsch verbunden."

Was macht ein Mathematiker im Swinger-Club?
Er rechnet mit zwei Unbekannten.

Thomas ruft seinen Freund Jürgen an,
von dem er schon eine Weile nichts mehr gehört hat:
„Na, Jürgen, was gibt's Neues?"
„Ich habe letzten Monat geheiratet."
„Oh! Das ist ja prima!"
„Nee, du, echt nicht. Sie ist hässlich wie die Nacht."
„Oh! Das ist ja schlecht."
„Nee, du, echt nicht. Sie hat Kohle wie Heu."
„Oh! Das ist ja super!"
„Nee, du, echt nicht. Sie ist geizig wie eine Schottin."
„Oh! Das ist natürlich doof."
„Nee, du, echt nicht. Sie hat mir letzte Woche eine riesige Villa geschenkt."
„Oh! Das ist ja fantastisch!"
„Nee, du, echt nicht. Die Villa ist gestern abgebrannt."
„Oh! Das ist ja schrecklich!"
„Nee, du, echt nicht. Sie war ja auch drin."

***

Warum sind Leprakranke so gute Boxer?
Sie können einfach die Fäuste fliegen lassen.

Carola verlangt im Dessous-Geschäft eine Strumpfhose mit der Aufschrift ‚Bis hierher und nicht weiter!'" „Gestickt oder gedruckt?", fragt die Verkäuferin. „Natürlich in Blindenschrift! Im Kino ist es doch dunkel!"

***

„Herr Ober, ich habe **wahnsinnigen** Hunger."
„Dann empfehle ich **Rindergulasch.**"

Warum geht ein Emo nicht zu Mc Donald's? Er will sich die Laune nicht durch die Happy Meals versauen.

Die Halloweenparty ist aus. Peter und Gerhard beschließen, beim Nachhausegehen den Umweg über den Friedhof zu nehmen. Da hören sie auf einmal zwischen den Gräbern ein Geräusch aus dem Dunklen kommen. Tock-tock-tock, tock-tock-tock. Die beiden haben zwar Angst, wollen aber trotzdem herausfinden, woher das Geräusch kommt. Schließlich finden sie einen alten Mann, der mit Hammer und Meißel einen Grabstein bearbeitet. Nachdem der erste Schreck vorbei ist, sagt Peter: „Muss das denn mitten in der Nacht sein?! Wir dachten schon, Sie wären ein Geist!" „Diese Idioten!", erwidert der Mann, „die haben meinen Namen falsch geschrieben!"

***

Warum haben Ostfriesen
Stacheldraht um ihre Badewannen?
Damit sie nicht so weit rausschwimmen.

Wie heißen Skateboardfahrer bei Kannibalen?
„Rollbraten."

Der Pessimist sieht den Tunnel.
Der Optimist sieht das Licht
am Ende des Tunnels.
Der Realist sieht im Tunnel
einen Zug auf sich zukommen.
Der Schaffner sieht drei Idioten,
die auf den Gleisen stehen!

Was ist der Unterschied zwischen Lady Diana und einem Mercedes?

Der Mercedes schafft locker die 40.

Zwei Freunde erzählen beim Bier über ihre neuesten Erlebnisse. Sagt der Erste: „Mensch, wenn ich dir erzähl, was ich gestern Abend erlebt habe, haut's dich aus den Socken! Du kennst doch die scharfe Bedienung vom ‚Goldenen Stern'?" Zweiter: „Ja, klar. Und?" Erster: „Naja, ich war gestern bei ihr zu Hause und wollte sie vernaschen. Plötzlich schließt jemand die Tür auf! Sie gerät voll in Panik: ‚Oh Gott, mein Mann!'. Ich raus aus dem Bett und steuere zum Schrank. ‚Nein, nein', sagt sie, ‚das klappt nicht. Er ist viel zu misstrauisch! Geh schnell in die Wäschekammer, nimm das Bügeleisen und fang an zu bügeln! Ich sage dann, du wärst der Mann vom Wäsche-Home-Service!'. Ich ab wie die Feuerwehr und gebügelt wie ein Verrückter. Nach drei Stunden bin ich dann ganz leise abgehauen." Sagt der Zweite: „Super! Die Wäsche, die du gestern gebügelt hast, hab ich vorgestern gewaschen!"

***

Mama, auf die Flasche ist ein Totenkopf aufgemalt, was bedeutet das?"
„Psst. Lass Papa austrinken."

Ein Ehepaar unterhält sich. „Sag mal, mein Liebster“, beginnt sie, „wenn du auf eine einsame Insel müsstest, wen würdest du mitnehmen? Eine sehr schöne oder eine sehr kluge Frau?“ „Keine von beiden“, erwidert er, „du weißt doch, dass ich nur dich liebe!“

Was waren die letzten Worte des Heimwerkers? „Das müsste jetzt halten.“

***

Warum verschwinden Emos immer spätestens um 23 Uhr aus der Kneipe? Danach ist Happy Hour.

Herbert und Heinz, beide Anfang achtzig, sind begeisterte Fußballfans. Eines Tages diskutieren sie darüber, ob es im Himmel Fußball gibt. Eine Woche später stirbt Herbert. Plötzlich hört Heinz Herberts Stimme aus dem Jenseits: „Heinz ... hallo Heinz ... Ich habe eine gute und eine schlechte Nachricht für dich. Die gute Nachricht: Es gibt Fußball im Himmel!" „Schön", antwortet Heinz. „Und die schlechte Nachricht?" Wieder hört er Herberts Stimme: „Du bist für kommenden Samstag aufgestellt!"

Wie nennt man eine Kakerlake in einer Streichholzschachtel?
Polnisches Tamagotchi.

***

Was sagte die Queen, als sie von Dianas Unfall hörte?
„War Fergie wenigstens dabei?"

Morgens auf dem Gang zwischen
den Büros: „Hast du gehört?
Der Abteilungsleiter ist gestorben!"
„Ja, und ich frage mich die ganze
Zeit, wer da mit ihm gestorben ist."
„Wieso mit ihm?"
„In der Anzeige stand doch:
Mit ihm starb einer unserer
fähigsten Mitarbeiter."

***

Was waren die letzten
Worte des Chemikers?
„Darf diese Flüssigkeit
hier eigentlich
warm werden?"

Kommt ein Unterhändler von Coca-Cola in den Vatikan und bietet 100.000 Dollar, wenn das "Vater Unser" geändert wird in: "Unser täglich Coke gib uns heute." Der Sekretär des Papstes lehnt kategorisch ab. Auch bei 200.000 und 500.000 Dollar hat der Vertreter keinen Erfolg. Er telefoniert mit seiner Firma und bietet schließlich eine Million. Der Sekretär zögert, greift dann zum Haustelefon und ruft den Papst an: "Chef, wie lange läuft der Vertrag mit der Bäckerinnung noch?"

***

Wie heißt Orgasmus auf hessisch?
„Feddisch!"

***

Was sagt man, wenn ein Spanner gestorben ist?
Der ist weg vom Fenster.

Vier Nonnen kommen ans Himmelstor. Petrus tritt vor sie und fordert sie auf, ihre Sünden zu bekennen. Die erste sagt: „Ich habe schon mal ein männliches Glied gesehen!“ Petrus zeigt auf eine Schale voll Weihwasser: „Wasch dir darin die Augen, mein Kind.“ Nun ist die zweite an der Reihe: „Ich habe schon einmal ein männliches Glied angefasst!“ Petrus zeigt wieder auf die Schale: „Wasch dir im Weihwasser die Hände, Tochter.“ Jetzt drängelt sich die vierte Nonne vor. Sie zeigt erst auf das Weihwasser und dann auf die dritte Nonne: „Lass mich kurz den Mund ausspülen, bevor sie hier ihren Arsch rein hält!“

***

**Was ist schwarz und hängt am Baum?
Ein Spanner nach einem Waldbrand.**

Der Chef fragt seinen Mitarbeiter: „Ich möchte, dass das dieses Jahr eine besonders schöne Betriebsfeier wird. Alle Mitarbeiter sollen sich freuen, es darf aber nicht viel kosten und außerdem sollte von dieser Feier am nächsten Tag etwas in der Zeitung stehen.“ „Ganz einfach“, meint sein Mitarbeiter: „Häng dich während der Feier auf!“

Was empfiehlt der Knigge,
wenn ein Leprakranker
einem die Hand gibt?
Man gibt sie ihm zurück.

„Ich möchte mich verschönern lassen", erklärt die reiche alte Dame dem Schönheitschirurgen. „Meinen Sie, dass Sie da etwas machen können?"
Der Arzt schaut sie lange nachdenklich an. Dann schüttelt er den Kopf. „Tut mir leid. Aber Enthauptungen sind bei uns per Gesetz verboten."

Ein Anwalt liegt im Sterben und hat seinen langjährigen Partner an seiner Seite sitzen: „Ich muss dir ein Geständnis machen“, bringt er unter Stöhnen hervor. „Ich hatte dreißig Jahre lang mit deiner Frau ein Verhältnis und nicht du, sondern ich bin der Vater eurer Tochter Susi. Außerdem habe ich regelmäßig Geld aus der Kanzleikasse gestohlen.” Der Kollege legt ihm beruhigend die Hand auf den Arm. „Niemand ist ganz schuldlos. Ich zum Beispiel hab dir das Arsen in den Scotch getan.”

Was waren die letzten Worte des Tankwarts?

„Rauchen ist hier verboten!“

Ein Mann will sich das Leben nehmen. Also nimmt er einen Strick und bindet ihn um einen Ast. In dem Moment, in dem er sich erhängen will, reißt der Strick. „Mist", denkt der Mann. „Heute habe ich wirklich kein Glück!" Am nächsten Tag geht er mit einer Pistole in den Wald und will sich erschießen. Als er sich die Pistole an den Kopf hält, fällt ihm ein, dass er die Patronen zuhause vergessen hat. „Wieder Mist", denkt er. „Auch heute habe ich wirklich kein Glück!" Aber jetzt soll es wirklich passieren: Am Abend geht er in eine Kneipe und bestellt sich ein Bier. Nachdem der Mann von der Toilette zurückkommt, sieht er, wie ein Punker das Glas mit dem Bier abstellt. „So ein Mist", flucht der Mann. „Mit dem Bier wollte ich mich eben vergiften, und jetzt trinkst du Idiot mir das aus."

***

Steht ein Metaller auf einer Brücke und grölt headbangend: „23, 23, 23!" Kommt ein Hip-Hopper vorbei und schimpft: „Ey, Alter, was grölst du hier rum?" Da packt der Metaller den Hopper, schmeißt ihn von der Brücke und grölt headbangend: „24, 24, 24!"

Nachbarsgespräch: „Sagen Sie mal, Herr Paschulke, wo steckt denn eigentlich der Herr Damitz?" Herr Paschulke weiß Bescheid: „Ach, der hat lebenslänglich bekommen." „Lebenslänglich? Warum denn das in aller Welt?" „Ach, der hat seiner Frau die Autotür aufgehalten." „Und dafür soll er lebenslänglich bekommen haben?" „Ach ja, es war bei 200 km/h."

Der Lehrer fragt seine Klasse: „Welches Wort passt nicht in die folgende Reihe: Tripper, Inzest, Monopoly?" „Tripper", meint Peter. „Die beiden anderen sind Familienspiele."

Zwei Jagdfreunde machen Urlaub in Kanada, um Elche zu jagen. Sie lassen sich mit einem kleinen Flugzeug in der Wildnis absetzen. Dabei sagt ihnen der Pilot, dass sie nur einen Elch schießen dürften, da das Flugzeug sonst zu schwer wäre und bei dieser kurzen Startbahn nicht mehr starten könne. Am nächsten Tag kommt er sie wieder abholen und natürlich haben die beiden Ehrgeizlinge zwei Elche geschossen. Auf den Hinweis, dass er ihnen gesagt habe, es würde zu schwer, entgegnen die beiden: „Wir waren letztes Jahr auch hier und letztes Jahr hat der Pilot auch gesagt, dass wir nur einen Elch mitnehmen könnten. Aber gegen eine zusätzliche Zahlung war er dann doch bereit, beide Elche mitzunehmen." Da überlegt der Pilot, dass er das Geld gut gebrauchen könne und wenn der Pilot letztes Jahr das geschafft habe, dann schafft er es auch. So nehmen sie also beide Elche mit. Der Pilot startet. Das Flugzeug beschleunigt auf die immer näher kommenden Bäume zu, macht aber noch keine Anstalten abzuheben. Im letzten Moment schaffen sie es doch noch, knapp über die Baumwipfel hinwegzukommen. Doch dann kommen höhere Bäume und der Flieger stürzt ab. Die drei krabbeln leicht verletzt aus dem Wrack und der eine der beiden Freunde fragt: „Wo sind wir?" Darauf der zweite: „Etwa zehn Meter weiter als letztes Jahr."

Osama Bin Laden und George W. Bush treffen sich in Kabul zur ersten Gesprächsrunde in einem neuen Friedensprozess. Als George sich setzt, bemerkt er drei Knöpfe an der Seite von Bin Ladens Stuhl. Die beiden Männer beginnen zu reden. Nach fünf Minuten drückt Bin Laden den ersten Knopf. Ein Boxhandschuh springt aus einer Box auf dem Tisch und schlägt Bush ins Gesicht. Verärgert führt Bush das Gespräch trotz Bin Ladens Lachen fort. Einige Minuten später wird der zweite Knopf gedrückt. Dieses Mal kommt ein Fuß aus dem Tisch heraus und tritt Bush gegen das Schienbein. Auch jetzt lacht Bin Laden, aber Bush führt das Gespräch fort, um das Friedensgespräch nicht aufs Spiel zu setzen. Doch als der dritte Knopf gedrückt wird, fährt ein anderer Stiefel heraus und tritt Bush in sein bestes Stück. Nun hat er genug. „Ich reise zurück nach Washington!", sagt er. „Wir werden diese Gespräche in zwei Wochen dort beenden!"

14 Tage vergehen und Bin Laden fliegt zu Gesprächen nach Washington. Als die zwei Männer sich setzen, bemerkt Bin Laden drei Knöpfe an Bushs Stuhl. Aha, denkt er, Vergeltungsmaßnahmen. Sie beginnen die Gespräche, und George drückt den ersten Knopf. Osama duckt sich, aber nichts passiert. Bush kichert. Einige Sekunden später drückt er den zweiten Knopf. Osama springt auf, aber auch jetzt passiert nichts, nur dass Bush höhnisch lacht. Als der dritte Knopf gedrückt wird, springt Osama erneut auf, doch es passiert wieder nichts. Bush wirft sich mit hysterischem Gelächter auf den Boden. „Vergiss es", sagt Osama, „du schaffst das sowieso nicht. Ich reise zurück nach Afghanistan!" Da sagt George unter Tränengelächter: „Welches Afghanistan?"

Martha Meier läuft im Bademantel und mit Lockenwicklern im Haar nach draußen. In der rechten Hand hält sie einen Müllbeutel. „Moment", ruft sie den Männern der Müllabfuhr nach, die gerade wegfahren wollen. „Könnt ihr noch Müll mitnehmen?" „Klar", antwortet einer der Müllmänner freundlich. „Kein Problem, spring schnell auf!"

Was macht ein Ostfriese bei Ebbe? Er verkauft Bauland an Japaner.

Ein Zoologe, ein Sadist, ein Killer, ein Nekrophiler, ein Pyromane und ein Masochist sitzen zusammen. Ihnen ist fürchterlich langweilig. „Holen wir uns doch einen Hund!", schlägt der Zoologe vor. „Ja", meint der Sadist, „holen wir uns einen Hund und quälen ihn!" „Super Idee", findet der Killer, „holen wir uns einen Hund, quälen ihn und bringen ihn dann um!" „Geil", meint daraufhin der Nekrophile. „Holen wir uns einen Hund, quälen ihn, bringen ihn um und ****en ihn dann! „Au, ja", pflichtet nun auch der Pyromane bei. „Holen wir uns einen Hund, quälen ihn, bringen ihn um, ****en ihn dann und verbrennen ihn zum Schluss!" „Wuff", sagt da der Masochist.

Warum stürzt eine Brücke ein, wenn ein Hip-Hopper auf ihr steht? Der Klügere gibt nach.

Der Doktor hatte gerade Sex mit seiner Patientin. Mist, denkt er, das hätte nicht passieren dürfen. „Plopp“, sitzt kurz darauf das Teufelchen auf der rechten Schulter: „Komm, denk nicht darüber nach, viele Ärzte hatten schon Sex mit Patienten.“ In dem Moment landet der Engel auf der linken Schulter. „Das mag ja sein“, unterbricht er den Teufel „Aber du bist Tierarzt, mein Lieber, Tierarzt.“

Der Patient ist verzweifelt: „Herr Doktor: Ich kann mich nicht zwischen Operation und Sterben entscheiden.“ Der Arzt beruhigt: „Mal sehen, mit ein bisschen Glück können Sie vielleicht beides haben.“

***

Warum nehmen Blondinen keine Pille?
Weil es sinnlos ist. Sie fallen sowieso immer wieder raus.

Warum kriegen Babys bei der Geburt einen Klaps auf den Po? Damit den Dummen der Schwanz abfällt. Und warum kriegen jugoslawische Babys zwei Klapse? Der zweite ist dazu da, dass sie die goldene Halskette der Hebamme loslassen.

Hansi ruft seinen Chef an. „Du Chef, das wird heute nichts mit dem Arbeiten. Mir tut der Kopf weh, die Beine tun weh, der Rücken tut weh." „Oh je, das kenne ich", erwidert der Chef. „Ich gehe in solchen Fällen immer zu meiner Frau und sage ihr, dass sie es jetzt mit mir eine Stunde treiben soll." Eineinhalb Stunden später klingelt das Telefon des Chefs. Es ist Hansi. „Chef, der Tipp war super. Kopf tut nicht mehr weh, Füße tun nicht mehr weh, Rücken tut auch nicht mehr weh, in einer halben Stunde bin ich bei dir. Ach, und übrigens, du hast eine schöne Wohnung."

***

Was ist der Inbegriff
von Tierquälerei?
Wenn man einer Schlange
Viagra gibt.

Was ist der Lieblingssatz eines Emos?
„Ist geritzt!"

Wenn Flugzeugträger durch die Weltmeere pflügen, glauben sie manchmal, sie hätten die Vorfahrt automatisch eingebaut. Oft funktioniert das, aber eben nicht immer. Zwischen dem US-Flugzeugträger Enterprise und einer zweiten Funkstation wurde vor einiger Zeit der folgende Dialog aufgezeichnet: Enterprise: „Um eine Kollision zu vermeiden, ändern Sie bitte Ihren Kurs um 15 Grad nach Norden!" Antwort: „Ich würde empfehlen, Sie ändern besser Ihren Kurs um 15 Grad nach Süden." Enterprise: „Hier spricht der Kommandant eines US-Kriegsschiffs. Ich wiederhole: Ändern Sie jetzt sofort Ihren Kurs!" Antwort: „Nein, Sie ändern Ihren Kurs." Enterprise: „Das hier ist der Flugzeugträger Enterprise. Wir sind ein sehr großes Kriegsschiff der US-Navy. Ändern Sie Ihren Kurs – und zwar jetzt!" Antwort: „Mann! Wir sind ein Leuchtturm!"

Was sind die letzten Worte des Jägersmanns?
„Nur noch kurz den Lauf reinigen."

***

Der Pfarrer macht Urlaub in Afrika. Eines Tages sieht er sich plötzlich von einem Rudel Löwen umzingelt. Die Flucht ist ausgeschlossen. Da fällt er auf die Knie, schließt die Augen und betet: „Oh Herr, verschone mich und gib mir ein Zeichen deiner Gnade! Befiehl diesen Löwen, sich wie echte Christen zu verhalten!" Als er wieder aufblickt, bemerkt er, dass die Löwen im Kreis um ihn herum sitzen. Sie haben die Pfoten gefaltet und beten: „Komm Herr Jesus, sei unser Gast ..."

Fragt ein Folterknecht den anderen: „Wie viele Leute hast du eigentlich in deinem Verlies?" Der andere: „Ach – so zehn und ein paar Zerquetschte."

***

Was sind die letzten Worte
des Bergsteigers?
„Waren im Sonderangebot,
die Karabinerhaken."

***

Ein alter Mann betritt den überfüllten Zug. Er schaut sich um, aber es ist tatsächlich nirgends ein Platz frei, und es macht auch niemand Anstalten aufzustehen. Schließlich tippt ihn jemand von hinten an. Er dreht sich um und sieht eine junge Frau. „Sie suchen einen Sitzplatz, nicht wahr?", fragt sie ihn. Der Mann nickt. „Dann steigen Sie am besten am nächsten Bahnhof wieder aus und warten auf den nächsten Zug. Hier ist nichts frei."

Wie waren die letzten Worte des Afrikareisenden?
„In diesem See leben keine Krokodile."

Der Arzt ist nach der Untersuchung seines Patienten sehr zufrieden. „Und“, meint er, „mit dem Sex klappt es doch sicher auch gut?“ „Doch, schon“, antwortet der Patient. „So dreimal in der Woche geht es.“ Der Arzt schaut ihn erstaunt an: „Bei Ihrer Konstitution müsste es aber dreimal am Tag gehen.“ Darauf erwidert der Patient: „Versuchen Sie das mal. Als katholischer Priester draußen auf dem Land.“

Was sind die letzen Worte des Sprengmeisters?

„Was is'n das für'n Draht?“

Jesus ist nach der Kreuzigung wieder auferstanden. Die Volksmenge ist begeistert. Und um den Menschen einen Gefallen zu tun, wiederholt Jesus noch einmal seine berühmtesten Wunder. Er macht Wasser zu Wein, teilt ein Brot an alle aus, und schließlich will er wieder über den See wandern. Aber nach den ersten Schritten geht er unter. Meint ein Jünger: „Früher ging das besser. Muss an den Löchern in den Füßen liegen.“

***

Warum sind die Gefängniszellen von Emos so picobello? Sie ritzen die Tage nicht in die Wand.

In sieben Metern Tiefe bemerkt ein Taucher einen anderen, der fast neben ihm ohne Taucherausrüstung unterwegs ist. Der Taucher geht sechs Meter tiefer, wenig später ist auch der andere da. Als der nach weiteren neun Metern wieder zur Stelle ist, nimmt der Taucher eine Tafel und schreibt mit wasserfester Kreide: „Wie um alles in der Welt schaffst du es, in dieser Tiefe so lange ohne Taucherausrüstung zu bleiben?" Der andere greift nach der Tafel und schreibt zurück: „Ich ertrinke, du Idiot."

Eine alte Frau trifft im Wald eine gute Fee, die zu ihr sagt: „Mütterlein - du warst dein Leben lang ein guter Mensch, deshalb hast du nun drei Wünsche frei." Die alte Frau überlegt und meint: „Ich wär gern wieder 20." Und schon ist sie wieder jung. „Ich hätte gern ein schönes Haus" Gesagt – getan. „Und ich wünsche mir, dass mein alter Kater ein junger, fescher Mann ist." Auch dieser Wunsch wird erfüllt. Als die beiden am Abend ins Bett gehen, meint der junge Mann: „Nur zu dumm, dass du mich vor fünf Jahren hast kastrieren lassen."

Was passiert, wenn ein Ostfriese eine Fliege verschluckt?
Dann hat er mehr **Hirn** im Magen als im Kopf.

Andrew fährt von Chicago nach Florida in den Urlaub. Seine Frau will einen Tag später nachkommen. Als Andrew in seinem Hotel ankommt, schreibt er seiner Frau eine kurze E-Mail. Als er sie abschicken will, merkt er, dass er die Adresse nicht mehr auswendig weiß. Er versucht sich zu erinnern, vergisst dabei aber einen Buchstaben. Dummerweise landet die E-Mail auf diese Weise bei einer älteren Pastorenfrau, deren Mann einen Tag zuvor gestorben war. Als die Witwe die Nachricht liest, sinkt sie auf den Boden und stirbt. Auf dem Bildschirm ist zu lesen: „Liebste Ehefrau, ich habe gerade eingecheckt. Alles ist für Deine Ankunft morgen vorbereitet. Dein Dich unendlich liebender Ehemann. P.S. Es ist wahnsinnig heiß hier."

***

Stevie Wonder ist gestorben. Er hat sich zu Tode gelesen, nachdem man ihm seine Wohnung mit Raufasertapete tapeziert hatte.

Wie holt man einen Börsenmakler vom Baum?
Man schneidet das Seil durch.

Zwei Jäger sind auf dem Hochsitz: Der eine schaut durch das Fernglas und sagt zu seinem Kollegen: „Du, ich sehe deine Frau, sie ist nackt." „Ja, ich weiß", entgegnet der Jagdkollege, „das macht sie manchmal." Der Jäger mit dem Fernglas schaut weiter und stellt fest: „Du, deinen Nachbarn sehe ich auch, der ist auch nackt." Darauf sein Kollege: „Ja ich weiß, der macht das auch manchmal." Der Jäger mit dem Fernglas schaut weiter und meint nach einer Weile. „Dein Nachbar ist bei deiner Frau, beide sind nackt." Er setzt das Fernrohr ab und überlegt eine Weile. Dann meint er: „Was würdest du tun, wenn die irgendetwas miteinander anfingen?" Darauf sein Jagdkollege: „Ich würde meiner Frau durch den Kopf schießen und meinem Nachbarn die Eier weg." Der erste Jäger nimmt wieder das Fernglas in die Hand. Er schaut durch die Gläser, dann sagt er: „Wenn du dich beeilst, brauchst du nur eine Kugel!"

Warum lassen sich die Schotten nach dem Tod nur bis zum Bauch eingraben? Ganz einfach: Damit sie ihr Grab selber pflegen können ...

***

Du fährst mit dem Auto und hältst eine konstante Geschwindigkeit. Auf deiner linken Seite siehst du einen Abhang. Auf deiner rechten Seite fährt ein riesiges Feuerwehrauto und hält die gleiche Geschwindigkeit wie du. Vor dir galoppiert ein Schwein, das eindeutig größer ist als dein Auto. An dem kommst du nicht vorbei. Gleichzeitig verfolgt dich ein Hubschrauber auf Bodenhöhe. Das Schwein und der Hubschrauber haben exakt deine Geschwindigkeit. Was unternimmst du, um dieser Situation gefahrlos zu entkommen?

Weniger saufen und vom Kinderkarussell absteigen!

***

Das katholische Nonnenkloster wird aufgelöst, und die Oberin fragt die Nonnen, was sie nun werden wollen. „Friseuse", sagt die eine, „Schneiderin", meint eine zweite. Die Oberin ist erfreut, alles ehrbare Berufe. Zum Schluss wendet sie sich an die jüngste Nonne. „Und du, was willst du werden?" „Ich werde Pro..." Die Oberin fällt in Ohnmacht. Als sie wieder zu sich kommt, fragt sie noch einmal. Die Nonne antwortet: „Prostituierte. Das möchte ich werden." „Gott sei Dank" seufzt die Oberin. „Und ich dachte schon, Du wolltest zu den Protestanten konvertieren!"

Was ist das: eine Leiche und zwei Bretter?

Ein Jesus-Bausatz.

Nach einem schweren Unfall und einer langen Operation wacht der Fußballspieler langsam aus der Narkose auf. An seinem Bett steht der Arzt. „Ich habe eine gute und eine schlechte Nachricht für Sie. Zuerst die schlechte: Wir mussten leider eines Ihrer Beine amputieren!“ „Oh Gott“, stöhnt der Spieler, „das ist ja schrecklich! Und was ist die gute Nachricht?“ „Wir haben schon einen Käufer für Ihre Fußballschuhe.“

Herr Müller lehnt sich aus dem Fenster im 10. Stock und sagt: „Guten Tag!“ „Wieso hast du gerade guten Tag gesagt?“, möchte seine Frau wissen. „Kennst du den Mann aus dem 18. Stock?“, fragt Herr Müller zurück, „den mit den vielen Selbstmordversuchen? Der ist gerade vorbeigeflogen.“

***

Zwei Priester fischen neben einer Straße. Als sie ein Auto kommen hören, halten sie ein Schild hoch: „DAS ENDE IST NAHE! KEHR UM, SOLANGE DU NOCH KANNST!“ Der Fahrer kurbelt die Scheibe herunter und brüllt: „Verschwindet gefälligst, bescheuerte Fanatiker!“ Er fährt weiter, zehn Sekunden später hört man einen lauten Platsch. Der eine der beiden Priester schaut den anderen an: „Hmm“, meint er. „Vielleicht hätten wir doch ‚Achtung, Brücke kaputt‘ schreiben sollen.“

Sabine und Martin kommen in die Drogerie. „Unser Papa ist gerade in den Bienenkorb gefallen", erzählt Sabine dem Verkäufer. „Oh je", erwidert der, „da braucht ihr jetzt sicher eine Salbe gegen die Stiche." Aber Martin schüttelt den Kopf. „Nein, einen Farbfilm."

Ein Hippie setzt sich im Bus neben eine Nonne. Sie ist jung und hübsch, deshalb fragt er sie nach ein paar Minuten, ob er mit ihr schlafen dürfe. Die Nonne schüttelt den Kopf. Einige Minuten später fragt er erneut. Dieses Mal wird die Nonne wütend. „Ich bin eine Dienerin Gottes", erklärt sie ihm. „Du weißt ganz genau, dass ich keinen Sex haben darf." Als der Hippie an der nächsten Haltestelle aussteigen will, hält ihn der Busfahrer am Ärmel fest. „Hey, du", flüstert er. „Wenn du wirklich mit ihr schlafen willst, dann geh heut Abend um zehn auf den Friedhof. Dort sitzt sie und betet." Um zehn geht der Hippie im Jesuskostüm zum Friedhof, und sieht dort tatsächlich die Nonne sitzen und beten. Er geht langsam auf sie zu und sagt: „Ich bin von Gott geschickt worden. Er hat mir befohlen, mit dir Sex zu haben." Die Nonne erwidert im Flüsterton: „Wenn du wirklich von Gott gesandt bist, dann lass uns Sex haben! Aber bitte von hinten, damit du mein Gesicht nicht siehst." Nach zehn Minuten wildem Treiben reißt sich der Hippie die Gewänder vom Leib. „Reingelegt!", ruft er und grinst. „Ich bin der Hippie aus dem Bus heute früh!" Da reißt sich die Nonne ihrerseits die Kleider vom Leib und ruft: „Auch reingelegt! Ich bin der Busfahrer!"

Wie waren die letzten Worte des Dachdeckers? „Hilfe, ist das heute windig.“

***

Über dem Friedhof eines kleinen ostfriesischen Dorfes ist ein Segelflugzeug abgestürzt. Die Schlagzeile in der Tageszeitung am nächsten Tag lautet: „Bislang über 350 Leichen geborgen.“

Draußen auf dem See ist ein Mann, der wie wild mit den Armen rudert und dabei laut „Help! Help! Help!“ ruft. Ein anderer Mann formt die Hände zum Trichter. „An Ihrer Stelle hätte ich nicht Englisch, sondern Schwimmen gelernt.“

Bei der Schrankenwärter-Gesellenprüfung wird einem Kandidaten die folgende Frage gestellt: „Stellen Sie sich diese Situation vor: Von rechts kommt der planmäßige Eilzug, von links ein unplanmäßiger Güterzug, die Strecke ist eingleisig. Was machen Sie jetzt?" „Ganz einfach", gibt der Kandidat zurück. „Ich renne ins Bahnwärterhäuschen und hole meine Frau und die Kinder." „Wieso das denn?", fragt der Prüfer überrascht zurück. „Na, weil die so was Ungewöhnliches auch noch nicht gesehen haben."

„So", erklärt der Regisseur seinem Hauptdarsteller. „Jetzt gehst du dort oben aufs Sprungbrett und wirfst dich kopfüber in den See." „Ich kann aber nicht schwimmen", wendet der Hauptdarsteller ein. „Macht nichts, das ist die letzte Szene des Films."

***

„Na", fragt der Professor seinen jungen Assistenzarzt, „wie war Ihre erste Operation?" Der Assistenzarzt wird blass. „Operation? Ich dachte, das wäre eine Obduktion gewesen."

„Bitte seien Sie beim Ausfüllen des Totenscheins in Zukunft etwas genauer", mahnt der Chefarzt seinen Assistenten. „Sie haben jetzt zum wiederholten Mal bei ‚Todesursache' Ihren Namen eingetragen."

Warum macht es keinen Spaß, Emos Witze zu erzählen? Sie **heulen** schon vor der Pointe.

Warum macht es keinen Spaß, Emos Witze zu erzählen? Sie heulen schon vor der Pointe.

Ein Autofahrer steht in den USA im Stau. Auf einmal bemerkt er neben sich einen Mann, der an seine Fensterscheibe klopft. Er kurbelt das Fenster herunter. „Präsident George Bush wurde entführt. Der Täter verlangt 10 Millionen Dollar Lösegeld oder er übergießt den Präsidenten mit Benzin und verbrennt ihn. Meine Freunde und ich dachten, wir nutzen den Stau und gehen bei den anderen Autofahrern sammeln." „Und wie viel spenden die Leute im Durchschnitt?", möchte der Fahrer wissen. „So ungefähr vier bis fünf Liter."

Katrin kommt aufgeregt zu ihrer Mutter gelaufen: „Mami, ich habe mit Sabine Onkel Doktor gespielt!" „Na ja", beruhigt sie die Mutter, „das ist doch nicht so schlimm." „Ja, aber wie näht man den Bauch jetzt wieder zu?"

Ein Priester und eine Nonne spielen Tischtennis. Der Priester spielt ziemlich schlecht, und als er zum vierten Mal nacheinander den Ball nicht erwischt, schimpft er: „Verdammte Scheiße, daneben!“ Die Nonne ermahnt den Priester: „Du weißt, dass der liebe Gott es nicht mag, wenn man schimpft.“ Der Priester nickt schuldbewusst. Aber er spielt so schlecht weiter wie bisher, und es dauert nicht lange, bis er wieder flucht: „Verdammte Scheiße, daneben!“ Nun wird die Nonne böse und sagt ihrem Spielpartner, er solle sofort das Fluchen unterlassen. Der Priester nimmt sich auch zusammen, aber nach einem weiteren Fehlschlag rutscht ihm zum dritten Mal ein „Verdammte Scheiße, daneben!“ heraus. Daraufhin erhebt sich ein gewaltiges Gewitter, es stürmt und donnert, und schließlich wird die Nonne vom Blitz getroffen. Unmittelbar danach hört man eine Stimme von oben: „Verdammte Scheiße, daneben!“

***

„Ich hoffe, Sie können mir helfen, Herr Doktor.“ „Hmm, ich verschreibe Ihnen erst mal ein paar Moorbäder.“ „Und die helfen?“ „Nein, aber Sie können sich schon mal an die feuchte Erde gewöhnen.“

Hast du schon gehört? Lady Diana war im Radio. Und Dodi war im Handschuhfach.

Kennst du den Unterschied zwischen ‚umsonst' und ‚kostenlos'?", fragt Peter seinen Freund Hans. „Klar", meint Hans. „Meine Schulbildung war kostenlos, deine war umsonst."

Der Zoowärter beugt sich im Löwengehege über die große Grube. Er schaut lange und konzentriert hinein, als suche er nach etwas. „Was ist los?", fragt neugierig einer der Besucher. „Das können Sie von dort, wo Sie jetzt stehen, nicht sehen", erwidert der Zoowärter. „Aber wenn es Sie interessiert ..." Er bedeutet dem Besucher, zu ihm neben die Grube zu treten. „Schauen Sie, da ... ja, da ... aber noch ein bisschen weiter nach vorne beugen ... und noch ein bisschen weiter, das genügt noch nicht ... und noch ... ja, genau so." Der Zoowärter richtet sich auf und schaut auf seine Uhr. Nach einer Weile beugt er sich erneut über die Grube. „So", ruft er nach unten, „mehr gibt's heute aber nicht."

***

Ein Medizinstudent soll an einer Puppe eine Zangengeburt demonstrieren. Er arbeitet wie ein Wilder. Nach einer halben Stunde meint der Professor zu ihm: „Gar nicht so übel. Jetzt müssen Sie nur noch dem Vater mit der Zange auf den Kopf hauen, dann haben Sie die ganze Familie eliminiert!"

Wie lauten die letzten Worte des Safariteilnehmers?
„Merkwürdig. Eben stand der Löwe noch da drüben."

Der neue Lehrling betritt die Baustelle. Schon von Weitem hört er seinen Chef brüllen: „Du bist schon wieder zu spät! Komm sofort her!" Der Lehrling rennt zu der Leiter, auf der sein Chef steht. „Beeil dich, dass du zu mir nach oben kommst", ruft der ihm zu. „Aber schalte auf keinen Fall den Strom an, ich arbeite noch an der Lei…"

„Sind Sie für den nächsten Tanz schon vergeben",
fragt Helmut das ältliche Fräulein.
„Nein", antwortet die, „ich bin noch frei."
„Super. Könnten Sie dann vielleicht mein Bierglas halten?"

***

Was ist schwarz und hängt an der Decke?
Ein schlechter Elektriker.

Im alten Jerusalem will eine wildgewordene Masse von Menschen gerade eine Ehebrecherin steinigen. Als Jesus das mitbekommt, geht er entschieden dazwischen. Er hält eine Predigt, die mit den Worten endet: „... Wer von Euch ohne Sünde ist, der werfe den ersten Stein." Da fliegt ihm mit voller Wucht ein Stein ins Genick. Jesus dreht sich um und brüllt: "Mutter, langsam nervst du!"

***

„Kommen wir noch einmal auf die Tötungsart zu sprechen", beginnt der Staatsanwalt mit seiner Befragung der Angeklagten. „Warum haben Sie Ihren Mann ausgerechnet mit Pfeil und Bogen erschossen?" Die Angeklagte schaut verwundert hoch: „Hätte ich denn die Kinder aufwecken sollen?"

Der Arzt meint zu seinem Patienten: „Sie haben eine sehr seltene und sehr ansteckende Krankheit. Wir müssen Sie auf die Quarantänestation legen und können Ihnen nur Kartoffelpuffer und Spiegelei zum Essen geben." „Werde ich denn davon wieder gesund?", möchte der Patient wissen. „Das nicht", meint der Arzt, „aber das sind die einzigen Mahlzeiten, die sich unter der Tür durchschieben lassen."

Nachts um drei in der Polizeistation: Ein Mann kommt aufgeregt hereingelaufen, wirft die Tür hinter sich zu und ruft dem diensthabenden Polizisten zu: „Sie müssen mich verhaften! Ich hab meine Frau geamselt!" Der Polizist grinst. „Sie meinen wohl gevögelt, keine Sorge, das ist nicht strafbar." „Ja aber …", stottert der Mann, „… sie … sie ist jetzt tot!" „Ach so", entgegnet der Polizist. „Was Sie meinen, nennt sich ‚erdrosseln'!"

Kennst du die letzten Worte des Gastgebers?
„Die Pilze hier kann man essen.
Die habe ich selber gepflückt."

***

Der Vater platzt unangemeldet zu Moni ins Zimmer, die sich gerade mit einem Vibrator vergnügt. Erstaunt fragt er seine Tochter, was das denn solle. „Ach, weißt du", meint Moni: „ich bin doch nicht gerade die Schönste, ich finde sowieso nie einen Mann. Lass mich doch wenigstens mit meinem Vibrator ein bisschen Spaß haben!" Am Abend kommt sie nach unten in die Küche. Da sitzt ihr Vater und trinkt ein Bier. Auf dem Tisch vor ihm liegt der Vibrator, dreht sich im Kreis und summt dauernd vor sich hin. „Aber Papa, was machst denn du da?", ruft Moni überrascht aus. „Was ist? Ich werde doch wohl mit meinem Schwiegersohn noch ein Bier trinken dürfen."

Ein Medizinmann, der etwas abseits von seinem Stamm lebte, bekam eines Tages Besuch von einem Boten: „Big Chief no shit!", sagte der Bote zu ihm. Der Medizinmann verstand. Er ging in seine Hütte, mischte ein Abführmittel, gab es dem Boten, und der verschwand wieder. Am nächsten Tag kam der Bote wieder: „Big Chief no shit!", sagte er. Der Medizinmann ging wieder in seine Hütte und mischte ein stärkeres Abführmittel als am Vortag. Er gab es dem Boten, und der verschwand wieder. Aber am nächsten Tag kam er wieder. Langsam wurde der Medizinmann ärgerlich: „Big Chief no shit?" „Yeah, Big Chief no shit!" Der Medizinmann verschwand laut fluchend in seiner Hütte, nahm seinen größten Topf und warf alles an abführenden Wirkstoffen hinein, was er hatte. Der Bote verschwand wieder. Der Medizinmann rechnete damit, dass seine Tinktur wieder nicht wirken würde, und erwartete den Boten am nächsten Tag schon vor seiner Hütte. Der kam auch wirklich, und ehe er etwas sagen konnte, fragte ihn der Medizinmann: „Big Chief no shit?" Aber der Bote schüttelte den Kopf. „No, no, no, big shit no Chief!"

Der Ehemann schaut über den Rand der Zeitung auf seine Frau: „Stell dir vor, hier steht, dass es in Afrika heutzutage immer noch über tausend Menschenfresser gibt! Jetzt schicken sie extra eine Gruppe von Missionaren hin!" „Hm", meint die Hausfrau, „lange werden die aber nicht reichen."

Der Arzt sagt zu seinem Patienten: „Schauen wir mal in dem großen Buch hier nach: lilafarbener Schwanz ... aha ... muss amputiert werden! Grüner Schwanz ... muss auch amputiert werden! Silberner Schwanz ... muss nicht amputiert werden!“ Der Patient atmet erleichtert auf. Aber da setzt der Arzt fort: „... fällt von alleine ab!“

***

Herbert ist in Susi verliebt. Aber er weiß nicht, wie er es anfangen soll, mit ihr ein Gespräch anzufangen. Schließlich entscheidet sich Herbert dafür, keine langen Andeutungen zu machen, sondern ganz direkt zu sein. „Susi“, fragt er, „was muss ich dir geben, um dich zu küssen?“ Susis Antwort kommt prompt: „Ein Betäubungsmittel.“

Ein reicher Amerikaner sieht in Paris auf der Straße ein wunderschönes Mädchen. Er nimmt all seinen Mut zusammen und spricht sie an: „Mademoiselle, wenn ich Sie küssen darf, gebe ich Ihnen 1000 Dollar.“ Das Mädchen denkt kurz nach und ist einverstanden: „Na gut.“ Der Amerikaner küsst sie, gibt ihr die 1000 Dollar und sagt: „Ich gebe Ihnen 2000 Dollar, wenn ich Ihre Brüste anfassen darf.“ Sie denkt wieder kurz nach und sagt: „Na gut.“ Der Amerikaner berührt ihre Brüste und zahlt. „Mademoiselle, ich würde gerne mit Ihnen schlafen. Wie viel müsste ich dafür zahlen?“ „100 Franc – wie jeder andere auch.“

„Finden Sie nicht auch, dass mir mein Sohn ähnlich sieht?“, fragt Frau Hammer ihre Nachbarin. „Stimmt“, gibt diese zurück. „Aber es gibt Schlimmeres.“

***

Ein Mann wird in der Steppe plötzlich von einem Rudel Löwen eingekreist. In seiner Verzweiflung setzt er sich hin und beginnt, auf seiner Mundharmonika zu spielen. Und tatsächlich: Die Löwen gruppieren sich um ihn und hören interessiert und sehr artig zu. Das geht so lange gut, bis ein neuer Löwe hinzukommt. Denn der geht ohne zu zögern auf den Mann zu und verschlingt ihn. „Immer dasselbe“, sagt daraufhin einer der Löwen zu seinem Nachbarn. „Kaum taucht der Taubstumme auf, ist die Show vorbei.“

Nach der Hochzeitsnacht. Manuela dreht sich zu ihrem frischangetrauten Mann. „Schatz“, fragt sie, „würdest du mir eine Tasse Kaffee machen, oder kannst du das auch nicht?“

Jesus geht durch die Wüste. Da kommt ihm ein alter, blinder Mann mit wallendem, weißem Haar entgegen. Er hält seine Arme vor sich ausgestreckt, als wolle er etwas ertasten. „Ich suche meinen Sohn, ich suche meinen verlorenen Sohn!", klagt er. „Vielleicht kann ich dir helfen, alter Mann", meint da Jesus. „Beschreibe mir deinen Sohn, woran kann man ihn erkennen?" „Er hat Löcher an Händen und Füßen, die von Nägeln stammen!" „Vater!", ruft daraufhin Jesus gerührt aus. Der Alte umarmt ihn. „Pinocchio!"

***

Was waren die letzten Worte
es Elektrikers?

„Ich schalte jetzt **ein.**"

Aus dem Kochtopf des Kannibalen ertönt ein mitleiderregendes Jammern: „Lass mich raus, bitte. Ich habe eine Frau und sieben Kinder zu ernähren." „Na", meint der Kannibale daraufhin, „dann geht's uns ja ähnlich."

Ein Experte für Läuseforschung erhält den Auftrag herauszufinden, ob man Läuse dressieren könne. Nach einem Jahr stellt der Experte fest, dass seine Laus auf das Kommando „Jump!“ tatsächlich springt. Der Experte entfernt daraufhin zwei Beine. Zunächst klappt das Hüpfen nicht mehr so gut, aber nach zwei weiteren Jahren intensiver Dressur springt die Laus auf den Befehl „Jump!“ hin wieder wie vorher. Der Experte entfernt nun zwei weitere Beine. Das Hüpfen ist jetzt wieder etwas komplizierter, aber nach vier Jahren Trainings hüpft die Laus bei „Jump!“ so wie immer. Nun entfernt der Experte auch die letzten beiden Beine. Von nun an wird es mit dem Hüpfen nichts mehr. Nach sechs Jahren weiteren Übens gibt der Experte auf und schreibt in sein Gutachten: „An sich können Läuse durchaus so dressiert werden, dass sie auf Zuruf Befehle ausführen. Wenn man ihnen allerdings alle Beine entfernt, werden sie taub.“

Ein Mann kommt in eine Kneipe, setzt sich an die Theke und bestellt einen doppelten Korn. Er trinkt ihn und schlägt danach mit seiner vollen, schweren Plastiktüte auf den Tresen. Dabei schimpft er: „Du blöde Kuh! Du saublöde Kuh!“ Er bestellt noch einen Korn, trinkt ihn und schlägt wieder mit der Plastiktüte auf den Tresen: „Du blöde Kuh! Du saublöde Kuh!“ Als er noch einen dritten Korn bestellt, fragt ihn der Wirt: „Sagen Sie mal, haben Sie irgendwelchen Ärger?" „Kann man so sagen", antwortet der Mann. „Ich hatte einen Sechser im Lotto, und meine Frau hat vergessen, den Schein abzugeben!" Darauf der Wirt: „Für so was hätte ich der den Kopf abgerissen!" „Was meinen Sie, was in meiner Tüte ist?!"

***

Vor einigen Wochen stand in der Zeitung, dass eine Blondine aus dem Fenster im dritten Stock gefallen ist. Sie hatte die neue

„Always mit Flügeln"

ausprobieren wollen.

„Angeklagte", sagt der Richter zu der Frau in den Fünfzigern. „Sie bestreiten also nicht, Ihren Mann während der Fußballübertragung erschossen zu haben?" „Nein", erwidert diese. „Und können Sie uns sagen, was seine letzten Worte waren?" Die Frau nickt: „Schieß doch! Schieß doch endlich, du alte Pfeife."

Die Flugpassagiere sind bereits im Flugzeug, in wenigen Minuten soll die Maschine starten. Da öffnet sich der Eingang, und zwei Männer in Pilotenuniformen kommen den Gang entlang. Beide tragen verdunkelte Augengläser. Einer der beiden führt einen Blindenhund an der Leine, und der andere sucht seinen Weg mit Hilfe eines Blindenstocks. In der Maschine hebt ein unruhiges Gemurmel an, als die beiden Piloten ins Cockpit gehen und die Tür hinter sich schließen. Wenig später starten die Triebwerke, das Flugzeug rollt zur Startbahn. Sie gewinnt an Fahrtempo, eigentlich müsste sie jede Sekunde abheben, denn am Ende der Startbahn sieht man bereits das Meer. Die Passagiere warten nervös ab. Aber als sie schließlich den Eindruck haben, das Flugzeug werde nicht abheben, sondern stattdessen ins Meer stürzen, setzt ein ohrenbetäubendes Geschrei an. In dem Moment hebt die Maschine sanft und völlig plangemäß ab. Im Cockpit dreht sich der Co-Pilot zum Piloten um. „Oh Mann, Bob“, sagt er zu seinem Kollegen. „Eines Tages werden sie zu spät schreien, und dann versinken wir mitsamt Flugzeug im Meer.“

Thomas ist immer ein überzeugter Atheist gewesen. Nun ist er gestorben und findet sich in einem Gang wieder. Er entdeckt ein Schild mit der Aufschrift „Zur Hölle". Da er keine andere Wahl hat, folgt er dem Gang zur Hölle und

stößt nach geraumer Zeit an eine Tür. „Hölle", steht dort angeschrieben. Der Atheist geht durch die Tür und traut seinen Augen nicht: Wunderschönster Sonnenschein, angenehme Temperaturen, Palmen, Meeresstrand, alle 100 Meter eine Strandbar, fröhliche Menschen, wohin er sich wendet. Kurzum: paradiesische Verhältnisse. Thomas geht am Strand entlang, bis er plötzlich eine Gestalt mit einem Pferdefuß und einem Schwanz in einem Strandkorb sitzen sieht. Er geht auf die Gestalt zu. „Sind Sie der Teufel?", fragt er. „Ja", antwortet der andere. „Aber du kannst mich ruhig duzen, das machen wir hier alle so. Und jetzt schau dich erst mal um, besorg dir einen Drink und lerne die anderen kennen." Thomas macht, wozu ihn der Teufel eingeladen hat. Mit dem Drink in der Hand schlendert er den Strand entlang. Es ist wirklich idyllisch hier. Bis er auf einmal zwischen den Dünen ein großes, tiefes Loch entdeckt. Neugierig blickt er in die Tiefe und bekommt einen fürchterlichen Schreck: Am Grund des Loches sieht er eine große Anzahl wimmernder, unbekleideter Menschen. Es lodert ein heißes Feuer und wilde Bestien schlagen auf die Menschen ein. „Mist", denkt Thomas. „Was ist das?" Er rennt weg und direkt in den Teufel hinein, der gerade eine kleine Runde über den Strand macht. Als der Teufel Thomas Gesichtsausdruck sieht, muss er lachen. „Du hast die Kuhle also gefunden", stellt er fest. Thomas nickt stumm. „Nur keine Aufregung", beruhigt ihn der Teufel daraufhin. „Das ist für die Christen, die wollen das so."

Eine Frau sitzt bei einer Brücke und weint fürchterlich. Da kommt eine andere Frau und fragt die erste, was denn los sei. „Es ist so fürchterlich“, schluchzt die erste. „Da ist vor fünf Minuten ein Bus mit lauter Männern in den Fluss gefallen, und sie sind alle ertrunken.“ Die zweite Frau schaut die andere erstaunt an. „Und da weinst du so?“ „Sicher“, schluchzt die erste. „In den Bus hätten noch viel mehr gepasst.“

***

In der Kneipe herrscht schlechte Stimmung. Es geht richtig zur Sache. „Ich hau dir in die Fresse!", ruft der ohne Arme. „Dann trete ich dich in den Hintern!", schreit der ohne Beine. „Das will ich sehen!", freut sich der Blinde.

Auf dem Weg zur Arbeit hört Felix die Ergebnisse der Lottoziehung vom vergangenen Wochenende. Moment, denkt er sich und holt schnell seinen Lottoschein heraus. Tatsächlich! Er hat sechs Richtige und damit 3,25 Millionen Euro gewonnen. Super, denkt sich Felix. Das Nächste, was ich jetzt mache, ist meine Arbeit zu kündigen. Gesagt getan, meldet er sich bei seinem Chef, doch bevor er zu Wort kommen kann, sagt der: „Die wirtschaftliche Lage unseres Betriebs ist zur Zeit sehr schlecht, und da Sie schon 55

Jahre alt sind und bereits 40 Jahre bei uns gearbeitet haben, haben wir beschlossen, Ihnen zu kündigen. Selbstverständlich erhalten Sie eine Abfindung über 500.000 Euro." Mann, was habe ich heute für ein Glück, denkt sich Felix und willigt in die Kündigung ein. Er packt seine Sachen und fährt nach Hause zu seiner Frau. Er ruft ihren Namen, bekommt aber keine Antwort. Er ruft ein zweites Mal. Wieder keine Antwort. Schließlich sucht er das gesamte Haus nach ihr ab. Auf dem Bett findet er schließlich einen Brief. „Mein Lieber", steht darauf in der Handschrift seiner Frau. „Zwanzig Jahre Ehe mit Dir sind genug. Ich bin im Flugzeug nach Übersee und werde von dort aus die Scheidung einreichen." „Fein", denkt sich Felix. „Wenn es einmal läuft, dann läuft's."

Ein Neunzigjähriger möchte in der Apotheke Viagra kaufen. Als ihm der Apotheker eine einzelne Tablette reicht, sagt der alte Mann: „Könnten Sie die noch ein wenig kleiner machen?" Der Apotheker nimmt die Tablette und zerstampft sie mit dem Mörser. Daraufhin nimmt der Neunzigjährige einen Hundert-Euro-Schein, rollt ihn zusammen, verteilt die gemahlene Viagra auf dem Tisch und zieht sich alles durch die Nase. „Es geht mich ja nichts an", meint darauf der Apotheker, „aber was soll das?" Darauf antwortet der Mann: „Junger Mann, in meinem Alter spielt sich der Sex nur noch im Kopf ab, das müssten Sie doch wissen."

Der Arzt und der Ehemann sitzen am Sterbebett einer alten Frau. „Sie gefällt mir gar nicht“, sagt der Arzt besorgt. „Das hat sie mir noch nie“, erwidert der Ehemann.

„Aber jetzt wird es wohl nicht mehr so lange dauern.“

Ein Einbrecher schleicht durch die stockfinstere Wohnung. Plötzlich hört er eine Stimme: „Hey du. Psst. Ich sehe dich, und Jesus sieht dich auch!“ Der Einbrecher lässt sich nicht weiter irritieren, sondern durchsucht weiter die Schubladen. Da hört er die Stimme noch einmal. „Hey du. Psst. Ich sehe dich, und Jesus sieht dich auch.“ Langsam wird es dem Einbrecher unheimlich, er erschrickt und knipst seine Taschenlampe an. Er lässt den Lichtkegel über den Boden gleiten. Nichts. Dann über die Möbel. Nichts. Schließlich entdeckt er auf der Kommode an der Wand gegenüber einen Papagei. „Hey du. Psst“, hört er ihn wieder sagen. „Ich sehe dich, und Jesus sieht dich auch!“ Jetzt muss der Einbrecher lachen. „Na, du bist aber ein süßer Vogel. Wie heißt du denn?“ „Herbert“ „Herbert? Das ist aber ein ungewöhnlicher Name für einen Papagei!“ „Na und? Jesus ist auch ein ungewöhnlicher Name für die Python direkt hinter dir!“

Opa hat Bauchschmerzen und geht zum Arzt. Als er wieder zuhause ist, fragt ihn Oma: „Na, was hat der Arzt gesagt?" Opa: „Er hat mir Zäpfchen gegeben, die soll ich rektal einnehmen. Weißt du, was das heißt?" Oma weiß es auch nicht und schickt Opa ein zweites Mal zum Arzt. „Na", fragt Oma später, „hat er es dir erklärt?" „Ja", antwortet Opa. „er sagt, ich solle sie anal einnehmen." Aber auch damit können beide nichts anfangen. Also ruft Opa beim Arzt an. Nach dem Telefongespräch kommt Opa zerknirscht in die Küche zurück. „Jetzt ist der Arzt sauer", meint er. „Er hat gesagt, ich solle sie mir in den Arsch schieben."

***

Der neu ausgebildete Fallschirmspringer fragt seinen Lehrer: „Und was mache ich, wenn mein Fallschirm nicht aufgeht?" Ausbilder: „Dann halten Sie die linke Hand hoch!" Verwundert schaut der Schüler seinen Lehrer an: „Aha! Und das rettet mir das Leben?!" „Natürlich nicht", antwortet der Lehrer. „Aber dann ist nicht auch noch Ihre Armbanduhr kaputt!"

Was passiert, wenn der letzte Ostfriese gestorben ist?
Dann sind wieder die Polizisten die Dümmsten.

Herztod und Hirntod sitzen zusammen auf einer Bank, als eine alte Frau vorbeikommt. Der Herztod schaut sie an und meint zum Hirntod: „Ich hatte heute noch gar nichts zu tun, die ist für mich." Er schnipst ein Mal mit dem Finger und das Herz der Frau hört auf zu schlagen. Wenige Minuten später läuft an den beiden Unheilen ein Hip-Hopper vorbei. „Jetzt bin aber ich dran", meint sofort der Hirntod. Er schnipst ein Mal mit den Fingern. Nichts passiert. Er schnipst wieder mit den Fingern. Nichts passiert. Er schnipst ein drittes Mal mit den Fingern. Nichts passiert ...

***

Was waren die letzten Worte
des Steinzeitmenschen?
„Schauen wir mal nach, was in
dieser Höhle ist ..."

Der Patient wacht nach der Operation auf. „Herr Doktor", sagt er überrascht, „Ihr Bart ist aber gewachsen. Hat die Operation denn so lange gedauert?" „Erstens", sagt der andere, „war mein Bart schon immer so lang. Und zweitens heiße ich Petrus."

Ein Systemanalytiker testet den neuen Computer, angeblich soll der alle Fragen beantworten können. „Wo ist mein Vater?“, tippt er ein. Es blinkt ein Mal und auf dem Monitor erscheint der Schriftzug: „Vater ist zum Surfen in der Südsee.“ „Falsch“, gibt der Analytiker ein. „Mein Vater sitzt zuhause und trinkt Kaffee.“ „Irrtum“, erscheint auf dem Bildschirm, „Der mit dem Kaffee ist der Mann deiner Mutter.“

Was ist der Unterschied zwischen einer Hip-Hopper-Braut und einer Pizza?
Eine Pizza gibt's auch ohne Pilze.

***

Im Altenheim freundet sich ein Mann mit einer gleichaltrigen Frau an. Er erzählt ihr, dass seine frühere Frau ihm jede Nacht den Penis gehalten habe, damit er besser einschlafen könne. „Das kann ich auch machen“, erklärt die neugewonnene Freundin. Tatsächlich, ab jetzt schläft der Mann jede Nacht schnell ein. Das geht so eine Woche, dann sagt er eines Morgens zu der Frau, es täte ihm wirklich leid, aber er habe ab jetzt eine andere. Die Frau ist frustriert: „Was hat sie, was ich nicht habe?“, will sie wissen. Der Mann mit seligem Lächeln: „Parkinson.“

Was ist zwanzig Meter lang
und riecht nach Urin?
Eine Polonaise durchs Altersheim.

***

Susi wacht mitten in der Nacht auf und stellt fest, dass ihr Ehemann Thomas nicht im Bett ist. Sie steht auf und findet ihn in Gedanken versunken am Küchentisch sitzen. Er starrt nur auf die Wand gegenüber, ab und zu wischt er sich über die Augen. „Was ist denn los, Liebling?“, fragt Susi besorgt. Thomas holt tief Luft. „Erinnerst du dich, als wir vor zwanzig Jahren unser erstes Date hatten? Du warst gerade erst 16!“, fragt er sie. „Natürlich“, erwidert sie. „Und erinnerst du dich auch daran, dass dein Vater uns dabei erwischt hat, als wir uns gerade in meinem Auto auf dem Rücksitz geliebt haben?“, fragt er weiter. „Ja, ich erinnere mich gut, das werde ich nie vergessen.“ „Erinnerst du dich auch daran, dass er mir sein Gewehr vor das Gesicht gehalten und gedroht hat, entweder würde ich dich auf der Stelle heiraten oder er würde dafür sorgen, dass ich für die nächsten zwanzig Jahre ins Gefängnis wandern würde?“ „Oh ja!“, seufzt sie. Er wischt eine weitere Träne von seiner Wange. „Heute genau wäre ich entlassen worden!“

Was waren die letzten Worte des Fahrlehrers?
„Die Ampel ist auf Rot.“

Ein altes Ehepaar sitzt wie jeden Morgen beim Frühstück auf der Terrasse. Auf einmal holt die alte Frau aus und versetzt ihrem Mann einen Haken, dass es ihn rückwärts von seinem Gartenstuhl wirft. Eine Weile ist es still, dann rappelt sich der Mann auf und fragt verwundert: „Was zum Geier war denn das?" Sie antwortet: „Die Strafe für 45 Jahre schlechten Sex!" Der Mann denkt eine Weile nach. Dann steht er auf und haut ihr dermaßen eins auf die Glocke, dass sie samt Stuhl von der Terrasse fliegt. „Und was sollte das?!", schreit sie ihn an. Er antwortet: „Woher kennst du den Unterschied zwischen gutem und schlechtem Sex?"

Was ist Glück?
Wenn ein Schiff untergeht, auf dem fünfzig Männer waren. Und was ist Pech?
Wenn die Männer alle schwimmen können.

***

„Ich habe eine gute und eine schlechte Nachricht für Sie", meint der Arzt zu seinem Patienten. „Dann sagen Sie mir zuerst die gute." „Nach Ihnen wird demnächst eine Krankheit benannt."

Der Clown kommt völlig aufgelöst zum Zirkusdirektor. „Herr Direktor“, ruft er, „unser Löwe kann plötzlich sprechen.“ „Ach so“, antwortet der Direktor. „Jetzt weiß ich auch, warum ich den Dompteur nirgends finde.“

Ein Tourist kommt in ein abgelegenes afrikanisches Dorf. Dort wird er freundlich begrüßt und sofort zum Medizinmann gebracht, der ihn gründlich untersucht. „Das ist ja ein großartiger Service“, meint der Reisende, „so eine medizinische Untersuchung für Gäste sollten sie bei uns zuhause auch einführen.“ Der Medizinmann schaut ihn verwundert an. „Wieso medizinische Versorgung? Sie sind hier bei der Lebensmittelkontrolle.“

***

Der Lehrer fragt Peter, warum er keinen Hip-Hop höre, sondern Heavy-Metal-Fan sei. „Na ja“, meint da Peter, „meine Eltern hören Heavy Metal, meine Großeltern hören auch Heavy Metal, und deren Großeltern haben ebenfalls Heavy Metal gehört. Also höre auch ich Heavy Metal.“ Der Lehrer ist empört: „Aber du musst doch eigene Interessen haben. Du kannst doch nicht immer das tun, was deine Eltern machen. Stell dir vor, deine Mutter wäre eine Prostituierte und dein Vater ein Drogendealer.“ Peter überlegt eine Weile. Dann erwidert er langsam: „Tja, dann wäre ich wahrscheinlich auch ein Hip-Hopper.“

Papa, warum dürfen wir keine Witze über Behinderte machen?"
„Weil es ohne die überhaupt keine freien Parkplätze mehr gäbe."

Ein alter Mann fährt in der U-Bahn. Direkt ihm gegenüber sitzt ein Punker mit roter Kammfrisur. Der Alte starrt so lange auf den Punker, bis es dem plötzlich reicht. „Hey Alter", schreit er ihn an, „hast du in deiner Jugend nie eine Sünde begangen?" „Doch. Klar", erwidert der Mann. „Ich hab's in meiner Jugend immer mit Hühnern getrieben. Und jetzt überlege ich schon die ganze Zeit, ob du mein Sohn sein könntest!"

***

Warum fuhr Dianas Mercedes so schnell?
Weil sie vom Rücksitz dauernd rief:
„Schneller, schneller, bloß nicht langsamer werden!"

Heinz will mit seiner Frau an die Nordsee in den Urlaub fahren. Vollbeladen mit Gepäck steht er am Bahnhof und wartet, bis er am Fahrkartenschalter an der Reihe ist. Er löst eine Hin- und Rückfahrkarte und eine einfach Fahrt. Verwundert schaut ihn seine Frau an: „Für wen ist denn die einfache Karte?" „Für dich!" „Aber ich würde auch gerne wieder mit nach Hause fahren." „Ja, möglich", brummt Heinz, „aber du kannst nicht schwimmen, passieren kann immer irgendwas, und ich will mein Geld ja auch nicht sinnlos verschwenden."

Ein Mann geht einen Waldweg entlang. Nach einer Weile kommt er an eine Kreuzung und findet dort zwei Schilder. „Wenn du hier nach links gehst, musst du zu allem, was dir auf dem Weg begegnet, ‚ja' sagen", steht dort. Und auf dem Schild, das in die andere Richtung zeigt, liest er: „Wenn du nach rechts gehst, musst du zu allem, was dir auf diesem Weg begegnet, ‚nein' sagen." Der Mann überlegt eine Weile und entscheidet sich dann für den ‚Ja'-Weg. Nach ein paar hundert Metern steht plötzlich ein kleiner Zwerg mit einem riesigen Hammer vor ihm und fragt: „Soll ich dir den auf den Kopf hauen?" Da der Mann auf dem Weg mit dem dauernden ‚Ja' ist, bleibt ihm nichts anderes übrig, als zuzustimmen. Die Beule, die ihm der Zwerg verpasst, tut ziemlich weh, so dass der Mann sich entscheidet, wieder umzukehren und den anderen Weg auszuprobieren. Gesagt, getan. Aber nach wenigen hundert Metern stellt sich ihm derselbe Zwerg wieder in den Weg und fragt mit einem Grinsen: „Sag mal, hast du etwa schon genug?"

Warum sieht man
Ostfriesen nie nachts?
Weil sie für die Zeit kein
Visum bekommen.

***

Ein Ostfriese fährt nach Bayern in den Urlaub. An der Wand hängt ein Spiegel. Er packt ihn ein und schickt ihn seinen Eltern mit einem Brief. „Schaut nur, wie nett die Bayern sind! Die haben hier sogar ein Bild von mir aufgehängt." Der Vater sieht sich den Spiegel an. „Mein Gott", ruft er erschreckt, „unser Sohn ist aber alt geworden!" Die Mutter schaut über Vaters Schulter in den Spiegel und sagt: „Wundert dich das? Bei so einer hässlichen Ehefrau?!"

Was ist der Unterschied zwischen einem
schlauen Hip-Hopper und einer schiefen Mütze?
Eine schiefe Mütze soll man schon mal
irgendwo gesehen haben.

„Hilfe", schreit der Tourist beim Besuch auf der Reptilienfarm, „mir hat ein Krokodil ein Bein abgebissen." „Oh je, welches denn?", erkundigt sich der Fremdenführer. „Woher soll ich denn das wissen, die Viecher sehen sich alle so verdammt ähnlich."

***

Beate hat einen Totalschaden mit dem Auto verursacht. Sabine erkundigt sich bei ihr: „Was hat denn dein Mann dazu gesagt, als du den neuen Wagen zu Schrott gefahren hast?" „So ganz genau kann ich das nicht sagen", meint Beate. „Seine letzten Worte waren eher undeutlich."

Wie lauten die Worte auf dem **Grabstein** einer **Putzfrau?**
„Sie **kehrt** nie wieder."

Ein besorgter Patient fragt den Arzt: „Wie stehen denn meine Chancen bei dieser Operation?" Der Arzt winkt ab. „Ach, diese Operation habe ich jetzt schon 20 Mal gemacht!" Patient: „Da bin ich aber beruhigt!" „Eben", erwidert der Arzt und lächelt. „Irgendwann muss sie mir ja gelingen!"

Herr Doktor, habe ich eine seltene Krankheit?"
„An sich nicht! Die Friedhöfe sind voll davon!"

***

Ein Mann geht zur Wahrsagerin. Die baut ihre Kristallkugel auf und schaut eine Weile hinein. „Aha", meint sie dann. „Sie sind verheiratet und haben zwei Kinder." „Das glauben Sie vielleicht", entgegnet der Mann. „Ich bin verheiratet, aber ich habe drei Kinder." Die Wahrsagerin sieht von ihrer Kristallkugel auf. „Das glauben Sie vielleicht …"

***

Wie lauten die letzten Worte des Chemikers?
Und nun der Geschmackstest.

Versehentlich sticht ein Jäger dem anderen ein Auge aus. Als er ihn einige Tage später im Krankenhaus besucht, meint der Verletzte: „Wenn du das noch einmal machst, dann schau ich dich nicht mehr an!"

Herr Maurer sagt zum Arzt: „Herr Doktor, ich kann nicht schlafen, ich muss immer an das Krokodil unter meinem Bett denken!“ „Das ist kein Problem“, entgegnet der Arzt. Er werde ihm ein Medikament verschreiben. Eine Woche später sitzt Herr Maurer wieder bei dem Arzt. „Das Problem mit dem Krokodil ist immer noch da.“ Daraufhin bekommt er ein neues Medikament. Eine Woche später macht der Arzt in der Nähe einen Hausbesuch und denkt sich, dass er ja bei der Gelegenheit einmal bei Herrn Maurer vorbeischauen könnte. Vor dem Haus trifft er einen Nachbarn. „Zu Herrn Maurer wollen Sie? Der ist letzte Nacht verstorben!“ „Oh nein“, ruft der Arzt erschrocken aus. „Was ist denn passiert?“ „Na, den hat ein Krokodil gefressen!“

Ein ganz in Schwarz gekleideter Mann kommt zu Petrus ans Himmelstor. Petrus fragt ihn: „So wie du aussiehst, wirst du wahrscheinlich Schiedsrichter beim Fußball gewesen sein, stimmt das?“ Der Mann nickt. „Hast du jemals ungerecht gepfiffen?“, möchte Petrus als Nächstes wissen. „Ja! „Einmal habe ich einer Mannschaft ein Tor aberkannt, obwohl das ein eindeutiger Treffer war!“ „Na gut“, meint daraufhin Petrus. „Und wann war das?“ „Vor ungefähr 2 Minuten!“

„Schatz“, sagt der Millionär zu seiner Frau. „Die Geschäfte laufen nicht mehr so gut wie früher. Ich schlage vor, wir kündigen dem Koch, und du lernst kochen.“ „Gute Idee“, erwidert sie. „Und dann lernst du noch, wie man richtig gut im Bett wird, und wir kündigen dem Chauffeur.“

Wie waren die letzten Worte des Abteilungsleiters? „Du Arschloch siehst meinem Chef zum Verwechseln ähnlich.“

***

Eine Vorlesung im Medizinstudium. Der Professor: „Sie wollen also Ärzte werden? Dann müssen Sie erst einmal den Ekel überwinden!“ Vor dem Professor liegt bäuchlings eine Leiche. Er steckt seinen Finger in den toten Po und leckt ihn dann ab. „So, jetzt sind Sie dran!“ Einige Studenten übergeben sich, andere laufen grün-gelb an, aber alle machen die Geschichte mit dem Finger im Hintern der Leiche nach. Der Professor: „So, und nach der Überwindung des Ekels kommt die Beobachtungskunst – anders als Sie habe ich den Mittelfinger reingesteckt und den Zeigefinger abgeleckt. Also immer schön aufpassen!“

Als das Ehepaar Müller vom Theaterbesuch nach Hause kommt, öffnet ihnen ein Polizist die Wohnungstür. Frau Müller denkt natürlich sofort an ihr Baby. Aber bevor sie etwas sagen kann, meint der Polizist: „Gut, dass Sie endlich da sind." Er wendet sich an Frau Müller: „Könnten Sie bitte den Babysitter identifizieren, während Sie", und er dreht sich dem Vater zu, „uns helfen, dem Baby das Elektromesser abzunehmen."

Ein amerikanischer Tourist fährt nach Palermo. Am Wegesrand steht auf einmal eine sizilianische Sexbombe: Beine bis zum Hals, knackiger Hintern, eindrucksvolle Brüste und so weiter. Der Amerikaner steigt voll in die Eisen. Diese Anhalterin muss er mitnehmen! Da springen aus dem Gebüsch vier Männer und zerren ihn aus dem Auto: „Fünfzig Liegestütze, los!" In Angst um sein Leben kriegt der Amerikaner das hin. „Jetzt fünf Minuten ums Auto sprinten!" Der Mann rennt, bis ihm die Zunge am Boden hängt. „Jetzt hol dein Ding raus und hol dir einen runter!" Auch das tut der Amerikaner. Diese Prozedur wiederholt sich noch drei weitere Male: Liegestütze, Sprinten, Wichsen. Jetzt legt einer der vier Männer dem Amerikaner den Arm um die Schultern: „Gut, nun kannst du meine Schwester nach Palermo bringen!"

Ein alter rheinischer Bauer kommt nach Köln und fährt das erste Mal mit einem Taxi. Unterwegs fragt er den Fahrer: „Wozu haben Sie denn den Stern auf der Kühlerhaube?" Der Fahrer möchte das Landei veralbern: „Damit ziele ich auf Fußgänger, die die Straße überqueren." Wenig später tritt tatsächlich ein Passant unerwartet auf die Straße, und der Taxifahrer kann gerade noch ausweichen, hört aber dann einen dumpfen Knall von hinten und den Bauern rufen: „Sie zielen aber schlecht. Wenn ich nicht noch die Tür aufgerissen hätte, wäre der uns glatt durch die Lappen gegangen!"

Die Witwe steht schluchzend am Grab ihres Mannes. „Das passt zu dem Ekel. Vier Wochen lang habe ich versucht, ihn zu vergiften. Und dann bringt er sich einfach so freiwillig um."

Drei Männer sterben und kommen in den Himmel. „Ihr könnt hier alles machen, was ihr wollt“, erklärt ihnen Petrus. „Ihr dürft nur nicht auf eine schwarze Wolke treten.“ Das hört sich nicht so schwierig an, finden die drei Männer und gehen los, jeder in eine andere Richtung. Nach einer Woche treffen sie sich wieder. Der erste von ihnen ist in Begleitung einer abstoßend hässlichen Frau. „Wie bist du denn an die gekommen?“, erkundigt sich der zweite Mann mitleidig. „Ich bin auf eine dieser schwarzen Wolken getreten“, erklärt der erste. Einen Monat später treffen sich die drei wieder, nun hat auch der zweite Mann eine furchtbar hässliche Frau bei sich. „Auch eine schwarze Wolke?“, fragt der dritte. Der zweite Mann nickt. Ein halbes Jahr später treffen sich die drei Männer ein drittes Mal. Nun ist auch der dritte der Männer in Begleitung, allerdings geht neben ihm eine wunderschöne junge Frau. „Wie um alles in der Welt hast du das geschafft?“, fragen der erste und der zweite Mann neidisch. „Ich bin auf eine schwarze Wolke getreten“, erklärt an Stelle des Mannes die Frau.

Wie versenkt man ein
ostfriesisches U-Boot?
Anklopfen.

Wie versenkt man ein ostfriesisches U-Boot? Anklopfen.

Mitten im Urwald trifft der Forschungsreisende einen Stamm Eingeborener, der Fußball spielt. „Das beeindruckt mich jetzt aber", meint der Forscher. „Fußball, hier im Busch." Der Häuptling nickt stolz. „Nicht wahr? Und bis zum vergangenen Sonntag hatten wir sogar einen Schiedsrichter." „Toll", sagt der Forscher. „Und? Wie war er?" „Hm. Ein bisschen zäh vielleicht. Wir haben ihn zwei Tage kochen müssen, aber dann ging's."

Eine Runde von sechs Männern sitzt gemeinsam in der Sauna. Auf einmal klingelt ein Handy. Einer der Männer nimmt das Gespräch entgegen. „Hallo Schatz", hört man eine weibliche Stimme sagen, „was ist jetzt? Soll ich den Porsche kaufen, den ich mir gestern angeschaut habe, oder nicht?" „Ja", entgegnet der Mann freundlich, „kauf ihn ruhig." „Und noch was", ertönt wieder die Stimme, „Meine Mutter möchte morgen zu uns kommen und für einen Monat bei uns wohnen. Geht das?" „Klar geht das, Liebes", meint der Mann. Dann legt er auf und schaut in die Runde. „Wem von euch gehört noch mal das Handy?"

***

Die letzten Worte der Forelle?
„Alles in Butter!"

Frau Meier hat einen Elektriker bestellt. Der Handwerker kommt, klingelt und fällt tot um. Frau Meier öffnet die Tür und meint: „Aha, Sie haben den Fehler schon gefunden. Das ging ja schnell."

***

Aufgeregter Anruf bei der Deutschen Bahn in Leipzig: „Auf dem Bahndamm liegt ein Gleis!" Der Bahnmensch: „Ja, mein Werter, und das ist auch gut so." Er legt auf. Das Telefon läutet erneut: „Ja, aber da liegt ein Gleis!" „Verpissen Sie sich aus der Leitung, Sie Spinner!" Kurz darauf läutet es zum dritten Mal: „Jetzt haben sie den almen alten Mann übelfahlen!"

Ein Treffen am Stammtisch. Otto erzählt: „Gestern kommt plötzlich meine Tochter zu mir und sagt: ‚Papi – streich' mir sofort mein Taschengeld! Vermiete mein Zimmer! Wirf meine Klamotten in den Müll! Nimm mir mein Handy weg, das iPhone, den iPod, den Laptop, den Fernseher und die Stereoanlage! Verpfände all meinen Schmuck, oder gib ihn der Heilsarmee! Verschrotte mein neues Auto! Wirf meine Haustürschlüssel in den Gully! Verbanne mich aus deinem Haus! Verleugne mich! Sprich nie wieder mit mir! Und wenn du das alles getan hast – enterbe mich und überschreibe meinen Anteil meiner Schwester!'" „Wow!", sagen die anderen am Stammtisch. „Hat sie das genauso gesagt?" „Na ja", sagt Otto. „Nicht wortwörtlich. Genau sagte sie: ‚Papi, das ist mein neuer Freund Mohammed.'"

Herr Maler steht wegen Mordes vor Gericht. Der Staatsanwalt verliest die Anklage: „Sie werden beschuldigt, mit einem Hammer auf Ihre Frau eingeschlagen zu haben, bis der Tod eintrat!"

„Lügner!", kommt da eine Stimme aus den hinteren Zuschauerreihen, „Bastard! Mistkerl" Der Richter wirft einen tadelnden Blick in Richtung des Zwischenrufers, gibt aber danach dem Staatsanwalt das Zeichen, in seiner Anklage fortzufahren.

„... außerdem werden Sie beschuldigt, mit demselben Hammer auch Ihre Tochter erschlagen zu haben!"

Wieder der Zwischenrufer: „Lügner! Bastard! Verdammter Heuchler!"

Jetzt reicht es dem Richter: „Das Gericht duldet keine weiteren Zwischenrufe! Gibt es einen Grund für diese ständigen Zwischenrufe?"

Da steht in der vorletzten Reihe ein Mann auf. „Ich bin sein Nachbar. Und jedes Mal, wenn ich mir einen Hammer borgen wollte, hat der Bastard behauptet, er hätte keinen!"

Die Österreicher kommen gut aus mit ihrer Nachbarschaft, zu 80 Prozent. Die restlichen 20 Prozent wohnen an der Grenze zu Deutschland.

***

Es herrscht Krieg zwischen Bayern und Österreich. Wochenlang ist tote Hose in den Schützengräben. Nicht mal ein kleines Scharmützel. Da schlägt ein Österreicher vor: „Die Bayern heißen doch alle Sepp. Wir rufen einfach „Sepp!", und schon steht mindestens einer auf, und wir können schießen." Er probiert es: „Sepp?" Ein Bayer erhebt sich: „Jo, wos is?", und erschossen ist er. Das Spiel läuft eine Weile ganz gut, bis die Bayern ein System der Österreicher vermuten. „Das zahlen wir denen heim!", sagt ein Sepp. „Die Ösis heißen doch alle Toni. Wir machen einfach dasselbe mit denen." Er versucht's: „Toni?" Antwort: „Sepp, bist du's?" Der Bayer: „Ja, warum?" PENG!

***

Herr Siebert geht mit seiner Frau eine Krawatte kaufen. Er verlangt eine rote. Sofort zetert seine Frau los: „Nicht rot! Rot passt nicht zu dir, das weißt du doch."

Daraufhin nimmt er eine blaue aus dem Regal. „Und zu Blau hast du nichts, was du kombinieren könntest!" Geduldig geht Herr Siebert jetzt zu den grünen Krawatten. „Grün!", keift seine Frau auf der Stelle. „Wie kommst du denn auf den Schwachsinn? Grün ist überhaupt kein Farbton für dich!" Mit derselben Geduld, mit der er eben die Krawatten angeschaut hat, zieht Herr Siebert jetzt einen Revolver aus der Tasche und richtet ihn auf seine Frau. „So", sagt er eine halbe Minute später und dreht sich zum Verkäufer um. „Jetzt zeigen Sie mir doch mal, was für schwarze Krawatten Sie haben."

Ein Franzose, ein Schweizer und ein Deutscher werden zum Tode verurteilt und sollen erschossen werden. Sagt der Deutsche: „Jungs – die vom Erschießungskommando sollen strunzdämlich sein. Macht es so wie ich, dann entkommen wir alle." Der Deutsche wird an die Wand gestellt. Der Kommandeur ruft: „Anlegen!" Da brüllt der Deutsche: „Erdbeben!" Die Schützen werfen sich auf den Boden, der Deutsche flieht. Alles va bene also. Jetzt ist der Schweizer dran, steht an der Mauer, die Schützen legen an. Der Schweizer schreit: „Sturmflut!" Das Erschießungskommando flüchtet, und auch der Schweizer entkommt. „Boah, das schaff' ich auch", denkt sich der Franzose. Er wird zur Hinrichtung geführt. Der Kommandeur ruft erneut: „Anlegen!" Der Franzose schreit: „Feuer!"

Warum unternimmt das österreichische Kultus-, Bildungs- und Schulministerium jetzt eine Studienreise nach Deutschland?
Man will echtes Elend sehen.

***

Kommt ein Fakir in den Baumarkt und sagt: „Zehn Packungen Nägel, bitte!" Der Verkäufer wundert sich: „Holla die Waldfee! Sie haben ja einiges vor, oder?" Der Fakir: „Nö, ich gar nicht, aber meine Frau – die will die Betten neu beziehen."

Was ist rot und sitzt in der Ecke?
Ein Mainzelmännchen, das an einem Rasiermesser lutscht.
Und was ist grün und sitzt in der Ecke?
Dasselbe Mainzelmännchen, zwei Wochen später.

***

Warum geht ein Einarmiger in die Fußgängerzone?
Er sucht einen Second-Hand-Laden.

Warum liebt Stevie Wonder
Mohnbrötchen zum Frühstück?
Da stehen so tolle
Geschichten drauf.

***

Frau Schmittke ist vor Hawaii beim Tauchen ertrunken. Ein Jahr später findet man die Leiche und schickt Herrn Schmittke ein Telegramm: „Leiche Ihrer Gattin gefunden – STOP – Leichnam bedeckt mit Muscheln – STOP – Perlen haben Wert von 150.000 Dollar". Herr Schmittke telegrafiert sofort zurück: „Perlen verkaufen – STOP – Geld schicken – STOP – Köder wieder auslegen".

***

Was macht eine Biene mit Kopftuch?
Türkischen Honig.

„Sagen Sie", fragt der Bischof den Kannibalenhäuptling und zeigt auf den verstümmelten Missionar, „war es wirklich nötig, den Mann so zuzurichten?" Der Häuptling ist erstaunt. „Aber Sie haben doch gesagt, von dem könnte ich mir mal eine Scheibe abschneiden."

In einem Zugabteil sitzen ein Deutscher, eine scharfe Blondine, ein Franzose und eine Nonne. Da fährt der Zug durch einen Tunnel, und weil das Licht im Abteil nicht funktioniert, ist es stockfinster. Plötzlich hört man eine Ohrfeige, und als der Zug den Tunnel verlässt, sieht man, wie sich der Franzose seine rote Wange reibt.

Die Nonne denkt: „Aha! Der Franzose hat die Blondine begrabscht, und sie hat ihm eine gescheuert. Richtig so!"

Blondi: „Doofer Franzose! Der wollte mich im Dunkeln begrabschen, hat aber die Nonne erwischt, und sie hat ihm eine geschmiert. Selbst schuld!"

Der Franzose: „Merde! Der Deutsche wollte bestimmt die Blondine begrabschen. Stattdessen hat er die Nonne erwischt, und die wollte ihm eine watschen. Das hat der Boche gemerkt, sich geduckt, und ich hab' den Schlag abgekriegt."

Der Deutsche: „Im nächsten Tunnel hau' ich dem Franzosen wieder in die Fresse!"

Wie viel Mann braucht man, um Paris zu verteidigen? Kann man nicht sagen. Hat noch keiner versucht.

***

Was sagt der Scharfrichter, wenn er seinen Stammtisch verlässt und zur Arbeit geht?
„Bis dann, Jungs, ich muss jetzt abhauen."

Ein Ehepaar an Bord eines Kreuzfahrtschiffes. Beide stehen an der Reling und füttern die Möwen. „Vorsicht, meine Dame", meint da einer der vorbeikommenden Offiziere, „nicht zu weit hinüberlehnen, sonst könnten Sie über Bord gehen." Da dreht sich der Ehemann zu ihm um. „Könnten Sie sich da bitte raushalten! Das ist schließlich meine Frau, nicht Ihre."

***

Karl trifft nach Jahren seinen alten Schulfreund Helmut wieder. „Ich bin jetzt zum dritten Mal Witwer geworden", erzählt er. „Oh weh", meint Helmut. „Woran ist denn deine erste Frau gestorben?" „An einer Pilzvergiftung." „Und deine zweite?" „Auch an einer Pilzvergiftung." Helmut ist entsetzt. „Und die dritte?" „An einem Schädelbruch." „Wie schrecklich", sagt Helmut. „Wie hat sie den denn bekommen?" „Sie wollte die Pilze nicht essen."

Warum haben französische Panzer Rückspiegel? Um die Kriegsfront im Blick zu behalten.

Der Hase, der Fuchs und der Bär sollen zur Armee, wollen aber nicht hin. Also beraten sie, wie sie am besten ausgemustert werden. Der Fuchs ist schlau: „Hase, dir schneiden wir die Ohren ab. Ohne Löffel bist du kein Hase, und wenn du kein Hase bist, kannst du nicht kampffähig hinter die feindlichen Linien hoppeln." Armer Hase. Ohne Ohren geht er zur Musterung, kommt aber fröhlich zurück und trällert: „Yepp! Ich bin ausgemustert!" Der Hase fährt fort: „War auch ganz einfach, lieber Fuchs, und zum Dank schneide ich dir jetzt den Schwanz ab. Ohne Schwanz bist du kein einsatzfähiger Fuchs, ohne Fuchsschwanz kann man dich auch aus keinem Panzer raushängen lassen!" Es wird zwar schmerzhaft für den armen Fuchs, aber auch er kommt jauchzend zurück von der Musterung: „Yippie yeah! Ich bin ausgemustert!" Hase und Fuchs betrachten den Bären. Hm. Keine langen Ohren, kein richtiger Schwanz. Was jetzt? Dem Fuchs kommt die rettende Idee: „Bär – wir ziehen dir einfach alle Zähne! Ohne Zähne bist du kein richtiger Bär, also, kein gefährlicher jetzt. Dann mustern die dich auch aus." So geschieht es. Der zahnlose Bär geht zur Musterung, kehrt aber als Häuflein Unglück zurück. Hase und Fuchs, fragen den heulenden Bären, ob man ihn tauglich geschrieben habe. Der Bär nuschelt mit nach innen gekrempelten Lippen: „Nee, isch bin auschgemuschtert." Fuchs und Hase verstehen nicht: „Na, das ist doch super! Dann hat sich das doch gelohnt mit den Zähnen." Der Bär flennt: „Buuuh! Nein! Die ham geschagt, isch bin schu grosch und schu schwer."

Was ist rot und schlecht
für die Zähne?
Ein Backstein.

***

Ein Mann reitet auf einem Kamel bei 50 Grad Celsius durch die Wüste Gobi. Da kommt ihm ein Mountainbiker in einem irren Tempo entgegen. „He, Moment mal", ruft der andere. „Sind Sie wahnsinnig, es ist 50 Grad heiß, Sie fahren wie ein Irrer durch die Wüste und zeigen keinerlei Anzeichen von Erschöpfung, wie machen Sie das bloß?" „Das ist ganz einfach: Ich fahre so schnell, dass mich der Fahrtwind schön kühlt und mir die Hitze nichts ausmacht!" „Toll", erwidert der Kameltreiber. „Das probiere ich auch aus." Und er treibt sein Kamel an. Nach wenigen Kilometern bricht das Kamel zusammen. „Mist!", meint daraufhin der Kameltreiber. „Erfroren!"

„Was möchtest du bei gutem Sex niemals hören?", fragt eine Frau ihre beste Freundin. „Hallo, Schatz, ich bin schon zuhause!"

Mitten auf hoher See. Ein Sturm kommt auf. Der Kapitän schreit die Mannschaft an: „Weiß jemand von euch, wie man betet?" Der zweite Maat meldet sich: „Ja, ich kann beten!" „Gut", antwortet der Kapitän. „Dann bleibst du hier und betest. Wir haben nämlich eine Schwimmweste zu wenig."

***

Wie beschreibt man bei eBay die Details zu einem französischen Gewehr? Nie benutzt, nur einmal fallengelassen.

Ein Franzose, ein Italiener und ein Ire gehen in die Kneipe. Jeder bestellt ein Bier. Da tauchen drei Fliegen auf und landen in den drei Gläsern. Der Italiener fischt die Fliege heraus und trinkt genüsslich: „Tutto va bene!" Der Franzose zeigt dem Wirt das Glas, reklamiert und bekommt ein neues Bier. Der Ire holt die Fliege aus dem Glas, reißt sie an den Flügeln, schüttelt sie und brüllt: „Spuck es aus, du diebischer Bastard!"

Was ist eine Gemeinheit? Wenn du mit einem Flugzeug über Äthiopien fliegst, auf dem steht: „Snickers – wenn dich der Hunger packt!“

Sean und James aus Dublin wollen einen saufen gehen. Sie stülpen ihre Portemonnaies aus. Zusammen haben sie noch 50 Cent. Das reicht nicht! Da hat Sean eine Idee: Er geht in eine Fleischerei und kauft für 50 Cent eine Bockwurst. „Was soll das denn?", fragt James. Sean beruhigt ihn: „Keine Panik, Alter. Wir gehen jetzt zusammen in einen Pub, bestellen dort zwei Pints und trinken sie. Dann sinkst du vor mir nieder, öffnest meine Hose, ziehst die Bockwurst heraus und nimmst sie in den Mund. Schau mal, was dann passiert."

Gesagt, getan. Beide gehen in den Pub, bestellen die Pints, trinken, und James geht auf die Knie und lutscht an der Wurst in Seans Hose. Der Wirt ist empört und schmeißt sie achtkantig raus.

„Siehst du", sagt Sean. „ Und bezahlt haben wir nichts."

„Super", sagt James.

Diese Nummer ziehen die beiden in zwölf weiteren Pubs durch. Dann lallt James zu Sean: „Ich kann nicht mehr, Alter. Erstens bin ich sternhagelvoll, und dann kannst du dir gar nicht vorstellen, wie sehr meine Knie inzwischen schmerzen."

Sean lallt zurück: „Scheiß auf deine Knie! Was soll ich denn sagen? Ich hab' nach dem sechsten Pub die scheiß Bockwurst verloren!"

Wie ich mir die 11880 merke?
„11. September, 88. Stock, 0 Chance!"

***

Warum steht ein Leprakranker auf dem Dach eines Hochhauses?
Er spielt „Vom Winde verweht".

Das Entwicklungsteam von Microsoft Windows macht einen Betriebsausflug nach Irland. Sie fahren durch die schöne irische Landschaft, bis eine Schafherde auf der Straße steht. Bill Gates steigt aus und plaudert mit dem Schäfer. Dann will er angeben und wettet mit ihm um ein Schaf, dass er den Beruf des Schäfers erraten könne. Wenn der Schäfer dann den Beruf des Teams errate, gehöre ihm der Jeep des Teams. Der Schäfer willigt ein.

Bill Gates sagt ihm auf den Kopf zu, dass er Schäfer sei. „Genau", sagt der Schäfer. Zwei aus dem Team gehen zur Herde, holen sich ein Tier, schlachten, braten und essen es. Der Schäfer ist an der Reihe: „Sie sind die Entwickler von Windows 95!" Das hat Bill Gates nicht erwartet, aber er übergibt dem Schäfer den Autoschlüssel: „Woher wussten Sie das denn, guter Mann?" Der Schäfer schmunzelt: „War ganz einfach. Nur die Entwickler von Windows 95 nehmen sich aus einer Herde von vierhundert Schafen den Hund!"

Was sind gemischte Gefühle?
Wenn deine Schwiegermutter mit deinem neuen Motorrad in einen Abgrund fährt.

***

Kommt ein Mann zum Arzt: „Herr Doktor! Ich bekomme meine Vorhaut nicht zurück!“
Der Arzt: „Selbst schuld. Es gibt Dinge, die verleiht man nicht.“

Ein Engländer fährt nach Irland, um dort Enten zu jagen. Flugs flattert ihm auch die erste Ente vor die Flinte. Der Engländer legt an, zielt und erlegt sie. Die doofe Ente landet aber auf dem Grundstück eines irischen Bauern. Die beiden streiten sich, wem nun die Ente gehört, dem Jäger oder dem Grundstückseigentümer.
Der Bauer macht einen Vorschlag: „Wir treten uns nacheinander in die Eier. Wer am wenigsten schreit, bekommt die Ente. Der Engländer willigt ein. Der Ire beginnt, nimmt Anlauf und rammt dem Engländer die Stiefelspitze voll zwischen die Beine. Der Engländer brüllt wie am Spieß und krümmt sich auf der Erde. Eine sehr, sehr lange Zeit später steht er kreidebleich auf, unterdrückt noch ein paar Tränen und sagt: „So – und jetzt ich!“
Der Ire: „Ach nö. Behalte die blöde Ente!“

Professor zum Medizinstudenten:
„Bei welchem Bruch darf das betroffene Glied nicht eingegipst werden?“ „Beim Ehebruch!“

***

Ein Österreicher geht über den Bürgersteig und sieht in zehn Metern Entfernung eine Bananenschale.
Was denkt er?
„So eine Scheiße – jetzt fliege ich schon wieder auf die Fresse!“

Ein Masochist trifft einen Sadisten und sagt: „Bitte quäl mich!“ Der Sadist: „Nein! Ich quäl dich nicht!“

***

„Es tut mir leid“, erklärt der Arzt nachdem er den Patienten untersucht hat. „Sie sind vergiftet worden.“ „Ja, aber womit denn?“, will der Patient völlig überrascht wissen.
„Das wird die Obduktion zeigen.“

Der Luxusdampfer passiert bei seiner Fahrt durch den Indischen Ozean eine kleine abgelegene Insel. Eine zerlumpte und ausgemergelte Gestalt fuchtelt wild mit den Armen und versucht offensichtlich, mit allen Mitteln auf sich aufmerksam zu machen. "Was hat er denn?", fragt ein Passagier den Kapitän. "Ach der! Der freut sich immer so, wenn wir hier vorbeikommen..."

***

Was kommt heraus,
wenn man einen Polen mit
einem Rumänen kreuzt?
Ein Kind, das zu faul
zum Klauen ist!

„Du", fragt Thomas seinen Freund Günter, „woran ist deine Frau eigentlich gestorben?"
„An ihrer ewigen Besserwisserei", erklärt Günter. „Sie hat behauptet, das auf ihrem Teller sei nie und nimmer ein Knollenblätterpilz."

Was ist totales Vertrauen?
Zwei Kannibalen, die
Oralsex miteinander haben.

Die Frau eines Schotten ist gestorben. Also muss er Geld in eine Sterbeanzeige in der Lokalzeitung investieren. Man fragt ihn, wie die Anzeige lauten soll. Der Schotte: „Nur: ‚Sarah ist tot.'" Die Redaktion nimmt den Auftrag an, aber als der Herausgeber davon erfährt, denkt er: „Das kann doch wohl nicht alles sein, was man nach 35 Jahren Ehe seiner verstorbenen Gattin mitgibt." Also ruft er den Schotten an und teilt ihm mit, dass sieben Wörter in einer Anzeige genauso viel kosten wie seine drei. Der Schotte freut sich: „Dann schreiben Sie: ‚Sarah ist tot und Fiesta zu verkaufen.'"

Ein schottischer Apotheker rast aus seiner Tür und erwischt gerade noch den Kunden von eben. „Sie wollten doch das Päckchen Aspirin!“ Der Kunde: „Ja, und?“ Apotheker: „Ich habe Ihnen aus Versehen Strychnin gegeben!“ Kunde: „Um Gottes willen! Gut, dass Sie das noch bemerkt haben.“ Apotheker: „Das will ich aber auch meinen. Strychnin ist 50 Pence teurer!“

Zwei deutsche Zöllner an der Schweizer Grenze treten aus ihrem Zollhäuschen und entdecken, dass am Baum davor eine Leiche baumelt. „Och nee!“, sagt der eine. „Das gibt wieder so lästigen Papierkram!“ Also warten die beiden, bis es Nacht ist, und hängen den Toten dann an einen Ast auf der Schweizer Seite. Am nächsten Morgen treten die beiden Schweizer Kollegen vor ihr Häuschen. „Verdammt“, ruft der eine, „jetzt hängt der Kerl schon wieder hier!“

Ein schottischer Offizier betritt eine Apotheke in Edinburgh und legt ein kleines Päckchen auf den Tresen. Der Apotheker faltet es auseinander. Zutage kommt ein uraltes, vergilbtes Kondom, das einen Riss in der Spitze hat. Die beiden Männer besehen trauernd das Gummi. Der Apotheker: „Ja, ja, ein trauriger Fall!“ Der Major: „Kann man da noch was machen?“ Der Apotheker: „Ja, wir können es flicken. Kostest aber einen Pence.“ Offizier: „Und ein neues Kondom?“ Apotheker: „Ab zwei Pence aufwärts.“ Der Offizier packt das Gummi wieder ein und verlässt die Apotheke. Zwei Stunden später kehrt er zurück und legt das Kondom erneut auf den Tresen: „Das Regiment hat abgestimmt – wir lassen es flicken!“